VÉNUS

LA POPULAIRE

OU

APOLOGIE DES MAISONS DE JOIE

BRUXELLES

GAY ET DOUCÉ, ÉDITEURS

1881

VÉNUS LA POPULAIRE

et DOUG...
EDITEURS

J. Chauvet
aqua forti

VÉNUS
LA POPULAIRE

OU

APOLOGIE DES MAISONS DE JOIE

BRUXELLES

GAY ET DOUCÉ, ÉDITEURS

1881

Imprimé à cinq cents exemplaires

N°

AVANT-PROPOS

Ce petit livre paradoxal n'a pas besoin
e commentaire, son titre seul suffit pour
onner une idée de l'intérêt qu'il présente;
nous suffit de rappeler qu'il a été l'objet
e nombreuses éditions, et malgré cela il
t devenu difficile aujourd'hui de se pro-
rer des exemplaires de cet ouvrage.

La première édition de VÉNUS LA POPU-
IRE *parut sous la rubrique de Londres,*

chez A. Moore, en Hollande, en 1727 ; les suivantes ont été publiées en 1751, 1767, 1796, sans date (vers 1800) et enfin à Bruxelles, en 1869.

AUX MEMBRES

DE

LA SOCIÉTÉ

ÉTABLIE

POUR LA RÉFORMATION DES MŒURS

MESSIEURS,

es grands mouvements de votre
compagnie pour la défense de la
modestie et de la vertu, vous donnent un droit incontestable sur ce traité,
de sorte que je ne pouvais sans injustice
le dédier à d'autres qu'à vous. Mais plût
à Dieu que je n'eusse pas été dans la
nécessité de l'écrire, et qu'après tant de

réformations qui sont votre ouvrage, il
ne me restât que de vous féliciter sur
l'heureux succès de vos travaux! Quelle
joie ce serait pour moi, et quel chagrin
c'est, au contraire, quand je vois que
vos efforts pour abolir la débauche, ont
servi seulement à la faire régner davantage, que ce vice pullule sous vos
mains, que vous ne lui ôtez que des
branches inutiles, dont le retranche-
ment la rend vigoureuse et fertile!
Cependant je suis plus affligé que surpris du malheur de vos entreprises. Pou-
vions-nous attendre autre chose de votre
attachement à tourmenter ces pauvres
demoiselles, qui trafiquent de leurs
charmes avec le public? de votre ardeur
à boucher ces ouvertures dans lesquelles
la luxure se déchargeait? de votre achar-
nement à démolir ces ouvrages, derrière
lesquels la pudeur était à couvert, et ces
retranchements ou fossés dont la profon-
deur mettait nos femmes et nos filles en
sûreté?

En vous voyant persécuter et hon-
nir les filles de joie, ne devait-on pas

craindre ce qui est arrivé; savoir, que le démon de la luxure, n'ayant plus ses anciens amusements, d'un coup de sa queue ne renversât le vaisseau de la modestie féminine, vaisseau toujours plein de fentes, et dont le gouvernail est dans une agitation continuelle?

Un ancien philosophe compare la luxure à un poulain sauvage et fier, qu'on ne peut arrêter que lorsqu'il s'est précipité dans une fondrière; et *Platon* raisonnant sur le même sujet, *les Dieux nous ont donné*, dit-il, *un membre désobéissant et indocile. Il ressemble à un animal affamé et glouton; il devient furieux, jusqu'à ce qu'il éteigne sa soif, et qu'il ait humecté d'une rosée féconde le fonds de la matrice.* C'était là une bonne leçon pour eux.

Mais puisque j'en suis sur l'article des philosophes, permettez-moi de vous raconter leurs galanteries; je ne vous demande qu'un moment. Mon récit vous convaincra qu'on résiste en vain à l'amour, et qu'on ne doit point se flatter de le vaincre, puisque ces réformateurs du monde ont éprouvé eux-mêmes sa puissance.

Socrate avoua, dans un âge avancé, qu'il avait senti un chatouillement étrange pendant cinq jours entiers, pour avoir été touché seulement à l'épaule par une jeune fille.

Xénophon ne fit pas mystère de sa passion pour le beau *Clinias*.

Aristippe de *Cyrène* écrivit un livre lascif sur l'amour. Il comparait une femme à un vaisseau, que l'usage ne fait que rendre meilleur, et il assurait que le crime consistait, non à goûter les plaisirs, mais à en devenir l'esclave. *Je jouis de* Laïs, disait-il, *mais* Laïs *ne jouit point de moi.*

Théodore soutenait ouvertement qu'un homme sage peut sans honte fréquenter les femmes publiques.

Le patron des amours pudiques, *Platon*, propose comme une récompense éclatante des services rendus à la patrie, qu'il sera défendu de refuser *le don d'amoureuse merci* à quiconque s'en sera rendu digne par de grands exploits.

Il a décrit les amours de son temps, et nous avons encore des vers qu'il adressait à ses mignons, entre autres à *Asterus*, à *Dion*, à *Phèdre*, à *Agathon*, auxquels, pour changer de mets, il avait joint sa chère *Archéanasse*. En un mot, on connaissait tellement son goût pour la débauche, que le cynique *Antisthène* le surnomma *Sathon, Bene mutoniatus*.

Polemon se fit des affaires avec sa femme par sa pédérastie.

Crantor ne cachait point sa tendresse pour *Arcesilas*, son pupille.

Arcesilas, à son tour, ne rougit point de ses sentiments pour *Demétrius* et *Leocharès*. Il voyait publiquement deux fameuses courtisanes d'*Etée*, *Théodote* et *Philète*, et il s'abandonnait lui-même aux caresses de *Démocharès* et de *Pythoclès*.

Bion débauchait ses propres écoliers.

Aristote eut un fils nommé *Nicomaque*, de sa concubine *Herpyllis*, à laquelle il laissa en mourant un talent d'argent, avec le choix d'une maison de campagne, afin qu'elle n'eût point sujet de se plaindre, comme il dit expressément. Il eut aussi

un commerce amoureux avec l'eunuque
Hermias, ou selon d'autres, avec une certaine *Pythaïs,* qu'il honora d'un hymne.

Ce *Demétrius,* à qui les *Athéniens* éri-
gèrent trois cent soixante statues, avait
pour *Cléon* les mêmes complaisances que
Lamia avait pour lui. Il écrivit un ouvrage intitulé *l'Amant,* et on le surnomma *Charito Blespharus,* qui charme
les dames, et *Lampetes,* qui vante ses ta-
lents amoureux.

Diogène voulait que les femmes fussent
en commun. On sait de quelle manière il
éteignait dans sa main les feux qui le
dévoraient, au milieu des places publiques, et l'infâme plaisanterie qu'il allé-
guait en cette occasion, *ô que ne puis-je
soulager de même ma faim, en me frottant
le ventre!*

Mais doit-on s'étonner que les acadé-
miciens, ceux de la secte Cyrénaïque, les
Peripateticiens, les Cyniques donnassent
ainsi dans la débauche, puisque les Stoïciens même y donnèrent, eux qui se
vantaient d'avoir dompté les autres passions? Il est vrai, *Zenon,* fondateur de

cette secte, est remarquable par sa modération sur cet article, puisqu'il usa rarement des garçons, et qu'il n'admit une
fois une servante dans son lit, que pour
montrer qu'il ne haïssait point le beau
sexe. Mais du reste il plaide dans sa ré-
publique pour la communauté des femmes. Il écrivit un traité pour régler les
mouvements de l'acte conjugal; il prouva
philosophiquement que l'agent et le patient ont le même plaisir. Voilà des restes
de l'humanité.

Chrysippe et *Apollodore* convenaient
avec leur maître que les femmes devaient
être communes, et ils prétendaient qu'un
sage pouvait aimer les beaux garçons.

Herille, disciple de *Zenon,* fut un fameux débauché.

Epicure fit de son frère même le mi-
nistre de son penchant pour les femmes.

Métrodore, son élève, visitait tout ce
qu'il y avait de courtisanes célèbres dans
Athènes, et entretenait publiquement
Léontium, jadis maîtresse de son maître.
Cependant *Diogène Laerce* rend un té-
moignage glorieux à sa probité.

Je n'insisterai pas davantage sur les Epicuriens, mais que dirons-nous de *Senèque,* de ce *Sentèque* qui fait nos délices, et qui malgré sa morale austère, n'a pu acquérir la réputation d'homme chaste? D'ailleurs, imitant la fameuse *Flora,* qui n'accordait ses faveurs qu'à des dictateurs ou à des consuls, sa délicatesse eût rougi d'une intrigue bourgeoise : il fallait être impératrice pour lui plaire.

Si ces maîtres de la vertu ont témoigné tant de fragilité, que devons-nous espérer des hommes de notre siècle? Nos étudiants *d'Oxford* commanderont-ils mieux à leurs passions que les Stoïciens? Nos jeunes avocats du Temple seront-ils moins sensibles à l'amour que *Platon*? Nos officiers d'armée seront-ils moins châtouilleux à l'épaule que *Socrate*?

Mais à quoi bon tant de réthorique? Plus on s'efforce de prouver une proposition claire, plus on l'obscurcit, semblable à ces fenêtres peintes, qui deviennent sombres à proportion qu'on les charge d'ornements.

Je suppose maintenant que vous avez

abandonné les hommes comme incorrigibles, depuis que vous êtes convaincus par l'expérience que le mariage même ne peut les convertir. Il en est de ses plaisirs comme d'un excès de table. Mange-t-on trop d'une chose? le dégoût suit la satiété; on ne peut plus souffrir ce plat : mais le palais n'en est pas moins friand d'autres mets. C'est pour cette raison que tant de maris ressemblent aux renards de *Samson*, qui ne faisaient tant de mal, que parce qu'ils étaient attachés par la queue. Il ne vous reste donc que de tourner vos soins vers les femmes, dont la faiblesse vous promet une prompte soumission, à ce que vous dites. A la vérité, si vous pouvez les rendre modestes, vous aurez mis un frein à la débauche. Ainsi, se serait grande pitié que ce projet réussît mal, et je voudrais de bon cœur voir une de vos converties de *Bridewell*. Mais permettez-moi de vous le dire; il serait à propos que vous fissiez quelque changement à votre méthode de convertir : l'article du fouet, par exemple, aurait besoin de réforme.

En bonne foi, Messieurs, croyez-vous
que renvoyer une pauvre fille, manquant
de tout, soit un bon moyen de la rendre
sage, elle qui n'aurait pas cessé de l'être,
si elle avait été mieux à son aise? Pen-
sez-vous, qu'en la mettant aussi nue que
nos premiers parents, vous la mettrez
dans l'état d'innocence? Sans doute,
Messieurs, vous concevez bien que la
pauvreté doit produire un effet contraire.
Voulez-vous que je vous le dise? Ce projet de renverser les maisons publiques,
pour arrêter le cours de la débauche, me
rappelle l'histoire d'un bon homme, qui
ne pouvait comprendre que son jardin
fût beau, tandis qu'il y laissait subsister
dans un coin certaines commodités qui
lui blessaient la vue. Il fit donc abattre
les murs qui cachaient ce vilain endroit,
et qui gâtaient la symétrie du jardin.
Mais qu'arriva-t-il? L'infection qui en
sortit le convainquit bientôt de sa méprise. Profitez de cet exemple. Imitez
ceux qui laissent en proie aux mouches
un petit morceau de viande, qu'elles ont
déjà gâté, et qui les empêchent par cet

rtifice de s'attacher à la chaire fraîche,
aites comme ceux qui engraissent des
oupeaux. Il y a un temps où des hu-
eurs âcres causent des démangeaisons
nportunes aux animaux. Alors on plante
n pieu au milieu de la campagne où ils
aissent, et tandis qu'on leur procure le
laisir de s'y frotter tant qu'il leur plaît,
n sauve par cette complaisance les jeu-
es arbres qui auraient souffert de la
iolence de leurs frottements.

Je pourrais vous citer bien d'autres
xemples pareils; mais je vous empêche
e profiter de la lecture de mon livre, et
suis impatient de vous assurer que
ai l'honneur d'être,

Messieurs,

Votre Compagnon de réforme et
votre dévoué serviteur,
PHIL-PORNIX.

VÉNUS

LA POPULAIRE

ien ne montre plus de peti-
tesse et d'affectation que la
coutume en vogue chez les
modernes, d'égayer les sujets graves, et de traiter les matières sérieuses en plaisantant.
Si j'avais voulu faire comme eux,
mon projet m'aurait fournit assez
de traits vifs et réjouissants, et j'aurais pu

divertir ceux qui ne sont sensibles qu'au
plaisir de rire. Mais mon dessein principal
étant de procurer l'avantage commun des
hommes, j'espère qu'on voudra bien
m'excuser, si je ne fais d'efforts pour
plaire, qu'autant qu'ils conviennent à ce
dessein.

La sale débauche était tellement établie il y a quelques années, et fit tant
de mal à la société, qu'on essaya divers moyens pour y apporter quelque
remède. Une société de gens vertueux
se distingua dans cette occasion par un
zèle digne de louange ; mais elle se
trompa dans les mesures qu'elle choi-
sit, parce qu'elle ne connaissait pas bien
la nature du mal. J'entreprends à mon
tour la même chose : le même zèle m'a-
nime, seulement ma méthode est différente.

J'avoue que la proposition d'ériger
des lieux publics, dans cette vue, pa-
raîtra d'abord ridicule. Cependant c'est
le meilleur expédient contre les désordres ; et comme je ne me propose ici que
de les prévenir, j'aurai fait ce que je

souhaite, si je prouve la proposition suivante. *Le commerce avec les femmes publiques est moins criminel en lui-même, et moins préjudiciable à la société, que les débauches commises avec d'autres femmes ou filles, de sorte que, si on l'encourageait en élevant des lieux publics, non-seulement on préviendrait les fâcheuses conséquences de la débauche, mais encore on diminuerait le nombre de ceux qui s'y abandonnent, et on la réduirait dans d'aussi étroites bornes qu'il est possible.* Mais avant que de commencer, nous devons examiner quels sont les tristes fruits de la fornication, pour être mieux en état de juger si nous y remédierons par notre système.

Des maux que produit la débauche, aucun n'égale celui que nous nommons *vérole de France,* qui depuis deux siècles a fait des ravages étranges dans l'*Europe.* Nos débauchés de la *Grande-Bretagne,* accoutumés à le gagner, le regardent comme une marque honorable; de sorte qu'une constitution vigoureuse est considérée comme une preuve de roture, et que si l'on voit un jeune homme sain, on en conclut presque qu'il a été élevé dans une cabane. Nos gens de guerre, incapables de se marier, à cause de leur genre de vie errante, sont tellement affaiblis par ce mal infect, qu'ils en deviennent malpropres à supporter les travaux militaires, et à défendre leur patrie. Nos gens de condition en général semblent moins sains que les autres ; et sans doute on doit s'en prendre à cette pernicieuse incommodité, dont à la vérité l'on peut retrancher l'infection, mais dont on n'enlève jamais la racine, faute de prendre les moyens convenables : ce qui est cause de l'état languissant et incurable où les gens demeurent. C'est d'elle probablement qu'est né ce que nous nommons *mal du roi,* qui était inconnu avant l'origine de la vérole. Ce qu'il y a de pire, c'est que l'innocent ne souffre pas moins de la vérole que le coupable. Les maris la donnent à leurs femmes ; les femmes à leurs maris ; l'un et l'autre peut-être à leurs enfants ; ceux-ci à leurs nourrices, et ces femmes à d'autres enfants : tellement qu'il n'y a ni sexe, ni âge, ni condition à couvert de cette peste.

Une autre conséquence funeste de la débauche est qu'elle inspire la prodigalité ; qu'elle entraîne dans des dépenses excessives ; que soit pour la satisfaire, soit pour entretenir les enfants, ou pour contenter les médecins, on donne souvent dans mille extravagances ; qu'une âme une fois dérangée par cette passion indocile et incurable, tombe dans une molle indolence, qui lui fait haïr les affaires, et qui émousse cette industrie, sans laquelle une nation commerçante ne peut se soutenir.

Tant de bâtards, massacrés en naissant, sont encore une suite de ce crime, suite pire que le crime même. A la vérité, les lois le punissent, en supposant, avec raison, que quiconque en est capable, n'est pas propre à vivre parmi un peuple civilisé. Mais il y a tant de moyens d'éviter leur rigueur, ou en faisant périr les enfants avant qu'ils naissent, ou en les laissant mourir ensuite par une négli-

2

gence indigne, qu'il y a peu d'apparence
de prévenir ce désordre, qui fait honte à
l'humanité, et qui dépeuple la patrie.
Quelle nécessité n'y aurait-il donc pas
de prendre d'autres mesures, puisque la
prospérité du gouvernement dépend,
pour la plus grande partie, de la multitude
des habitants, et que ce vice est contraire
à la propagation de l'espèce? Combien
de milliers de jeunes gens dans notre île
tourneraient leur pensée vers le mariage, si la débauche n'usait en eux la
passion qui leur aurait fait souhaiter
ce lien? J'avoue que plusieurs d'entre
eux se lassent tôt ou tard de cette vie
irrégulière, et qu'ils se bornent enfin
à une femme. Mais déjà leurs corps sont
énervés, et ils s'achèvent par leurs excès
avec leurs épouses : ce qui joint aux
mauvais restes de leurs débauches pas-
sées, est cause qu'ils n'ont que des enfants faibles, mal sains et infirmes. L'ex-
tinction de tant de familles nobles parmi
nous, depuis peu de temps, ne peut être
attribuée qu'à ce que je dis.

Il y a encore une chose à laquelle on

doit faire attention, par rapport à ce vice; savoir, le tort qu'il fait aux particuliers et aux familles, soit en dérobant aux maris la tendresse de leurs femmes, ce qui devient souvent préjudiciable, ou à tous deux, ou même à des familles entières, soit en causant la ruine totale des filles. Ces dernières particulièrement sont dignes de pitié; car si leur faute est découverte, elles deviennent l'objet du mépris général; elles ne peuvent plus trouver de parti convenable à leur condition; elles perdent par degrés tout sentiment de pudeur; et enfin affranchies de la crainte importune du *qu'en dira-t-on*, elles se laissent entraîner de nouveau dans le piége par l'avarice et par le plaisir, jusqu'à ce qu'il n'y ait plus de différence entre elles et les prostituées.

Telles sont les conséquences pernicieuses de la débauche, c'est-à-dire d'un vice répandu dans tous les âges, dans tous les lieux et dans toutes les conditions. Mais par bonheur, il n'y en a que peu ou point d'entre elles, qui soient une suite nécessaire de ce vice; et avec une autre conduite, on pourrait sûrement les éviter, comme je me flatte de le montrer avec évidence.

Avant tout, je demande pardon aux dignes membres de la *société*, si je ne puis concevoir comment le découragement qu'ils ont voulu donner aux filles de joie, aurait produit l'effet qu'ils se proposaient. Sans doute, si le penchant qui porte les hommes vers elles, venait ou de la coutume, ou de l'éducation, comme d'autres vices, il y aurait quelque lieu d'espérer qu'on l'arracherait à la fin, et par conséquent il serait louable d'attaquer ce vice, sous quelque forme et dans quelque lieu qu'il se présentât. Mais cette inclination est née et accrue avec nous.

Que dis-je ? Nous n'existerions pas sans elle, et bien que, selon certaines gens, les plaisirs illégitimes soient contraires à la loi de la nature, néanmoins cette nature nous donne toujours une portion abondante de cette passion, en même temps qu'elle nous plaint ce qu'il nous faudrait de raison pour la dompter.

La longue expérience des vertueux membres de cette *société,* expérience qui est d'usage en tant d'autres occasions, a donné lieu à leur méprise : je veux dire qu'ayant oublié dans leur vieillesse combien les passions de la jeunesse sont violentes, ils ont trop compté sur la facilité de les vaincre. Ils devaient considérer, au contraire, que l'amour des femmes étant produit par une forte impulsion de la nature, elle ne doit pas être resserrée dans des bornes étroites, de peur qu'elle ne ressemble à une rivière qu'on fait sortir de son lit, et qui se déborde dans les campagnes voisines.

L'histoire nous fournit plusieurs exemples de cette vérité; mais je me borne à celui de *Sixte V,* qui, dans ces occasions particulièrement, rendait la justice avec tant de rigueur (si cette rigueur peut être appelée justice) qu'il condamna un jeune homme aux galères, seulement pour avoir baisé une demoiselle dans la rue. Néanmoins le rigoureux pontife n'alla jamais jusqu'à vouloir extirper entièrement les plaisirs illégitimes. Semblable

au bon pasteur, il sépara seulement les
brebis gâtées d'avec les autres, et relégua
les courtisanes dans un quartier de la
ville. Lorsqu'il voulut faire quelque chose
de plus, et que pour réprimer un peu les
excès de la débauche, il eut banni quelques courtisanes qu'il jugeait de trop,
il reconnut bientôt l'erreur de son calcul. L'adultère et la sodomie se répandi-
rent dans *Rome*; ce qui força le Saint-
Père de rappeler les bannies, et prouva
combien de pareilles entreprises sont
vaines.

Prouvons maintenant la première partie de notre proposition ; savoir, que la
fornication (1) est moins criminelle en
elle-même, et moins préjudiciable à la
société, que les débauches commises
avec des filles ou des femmes de particuliers.

La fornication consiste à avoir affaire
avec une sorte de femmes qui ont re-

---

(1) J'appelle de ce nom ce que les *Italiens* nomment
Putanismo, et ce que l'auteur appelle *Public Whoring*,
pour le distinguer *private Whoring*.

noncé à la modestie, et qui pour une somme d'argent, font profession de se livrer aux embrassements du premier venu. Le mal en pareille occasion ne regarde que l'homme; car pour la femme, il commet envers elle une action louable, parce qu'il lui procure les moyens de subsister, presque de la seule manière innocente dont elle puisse se les procurer. C'est donc à lui seul qu'il fait tort, en ce qu'il ruine ou sa santé, ou sa fortune; et par conséquent la fornication à cet égard peut être comparée avec l'ivrognerie, sur laquelle d'ailleurs elle a cet avantage, qu'elle remet les hommes dans leur sang-froid, que les excès du vin leur ôtent. Véritablement, s'il y avait quelque apparence d'amender ces femmes, et d'obtenir d'elles qu'elles gagnassent leur vie par des voies honnêtes, il y aurait du crime à les encourager par le gain dans leur profession. Mais on sait que la perte de la chasteté, ou, pour mieux dire, les reproches qui suivent cette perte, gâtent tellement ces malheureuses créatures, qu'elles rentrent rarement ou jamais dans le chemin de la vertu (1). On sait que leur retour même ne pourrait rétablir leur réputation, sans laquelle néanmoins il est impossible qu'elles vivent agréablement dans une condition honnête. Une preuve évidente que la nécessité les fait seule persévérer dans le genre de vie où elles sont entrées malheureusement, c'est qu'elles le détestent dans l'âme; et en effet, on n'y trouve rien d'attrayant, lorsqu'on a une fois éteint le penchant à la débauche, qui y faisait trouver des charmes.

Les débauches avec les filles ou femmes de particuliers ont des suites cent fois pires; et le crime d'un homme, en ce cas, croît à proportion du tort qu'il fait à la société. En premier lieu, il débauche des femmes mariées; car je ne compte plus combien il nuit à sa propre santé, à ses biens, à sa réputation. Or, quel préjudice n'est-ce pas pour le public

---

(1) L'honneur est comme une île escarpée et sans bords ;
On n'y peut plus rentrer, dès qu'on en est dehors.
Boileau, Sar. X.

que l'on corrompe l'esprit des femmes,
et que l'on détruise les nœuds de la con-
corde, dont les personnes mariées ont
tant de besoin pour vivre heureuses?
D'ailleurs, on court risque que tout se
découvre; auquel cas, le moins qui
puisse arriver, est que la femme perde
sa réputation, et le mari son repos. D'un
autre côté, quand même les divers inté-
ressés ne renonceraient pas entièrement à la vertu, du moins l'époux offensé
soupçonne sans cesse la fidélité de son
épouse : celle-ci craint le changement de
son amant; ce dernier appréhende la
vigilance du mari. Le malheur de cet état
ne peut être compris que par ceux qui
l'ont éprouvé.

En second lieu, que dirons-nous de la
noirceur qu'il y a à débaucher de jeunes
filles? Outre que cette action porte plus
de préjudice que l'autre, et que la tentation de la commettre est bien diminuée
par la crainte d'avoir des enfants, ce qui
souvent fait un tort infini aux hommes,
et empêche que les trois quarts des jeunes gens ne satisfassent leur passion

violente ; les moyens qu'il faut employer
pour parvenir à pouvoir le faire, sont
criminels et horribles. Il n'y a qu'une
âme basse et rampante qui puisse se
résoudre à séduire une jeune personne
par mille parjures,, pour lui donner
bonne opinion de soi, guérir ses défian-
ces, et la porter à confier tout ce qu'elle
a au monde de plus précieux et de plus
cher. Surtout, c'est le comble de la lâ-
cheté d'employer ces artifices perfides,
dans l'unique vue de se procurer un plaisir passager, qu'on pourrait bien acheter
à moins de frais, sans exposer une hon-
nète fille à se perdre, et la réduire à mener la vie d'une courtisane publique.

Ces considérations générales sur les
débauches que l'on peut commettre avec
deux sortes de femmes, les courtisanes
et les autres, prouvent que si elles pro-
cèdent du même principe, qui est le
penchant pour le sexe; d'ailleurs elles
diffèrent extrêmement, de même que le
vol et le meurtre, par exemple, sont des
crimes bien différents, encore qu'ils
puissent avoir la même cause; savoir,

l'avarice. Par conséquent, j'ai assez dé-
montré que la fornication est moins mauvaise, et entraîne moins de malheurs que
le *stupre*, ou que l'adultère : ce qui devrait
suffire pour que les législateurs s'appli-
quassent à renfermer la débauche dans
cette espèce de bornes. J'avance maintenant davantage, et j'ajoute, qu'en encourageant la fornication, non-seulement
on préviendrait les mauvais effets de ce
vice, mais même que l'on diminuerait le
nombre des débauchés, et que l'on bor-
nerait la débauche autant qu'il est possible de le faire.

Quand je dis *encourager la fornication*, j'entends que non-seulement on
bâtirait des temples à *Vénus la Popu-
laire*, appelés en latin *Lupanaria*, mais
même qu'on leur accorderait des priviléges et des immunités, et enfin qu'on
découragerait tellement la débauche avec
les filles ou femmes de particuliers,
qu'on serait obligé de se rabattre sur les
femmes qui se sacrifieraient à la volupté
publique. Je vais donner un plan de mon
système. Quoiqu'il puisse servir beau-

coup à éclaircir ma pensée, et à confir-
mer ma proposition, néanmoins il ne
pourra manquer d'être perfectionné
beaucoup, en passant par les mains d'un
sénat national, corps auguste, composé
d'ecclésiastiques et de séculiers, qui
voudra peut-être bien examiner cette
importante matière : Voici ce projet.

On destinerait à cet usage une cen-
taine de maisons, ou plus, dans un quartier convenable de *Londres,* où il pût lo-
ger deux mille femmes : ce qu'on ferait de
même à proportion dans les autres villes
du royaume. Au cas que cent maisons fussent suffisantes, on nommerait cent ma-
trones, une pour chaque maison. Il faudrait donner cet emploi à des femmes
qui eussent assez d'expérience et de ta-
lents, pour diriger 20 demoiselles ; pour
avoir soin qu'elles fussent nettes et
propres, et pour recevoir les gens d'une
manière civile et obligeante. Pour l'encouragement de ces gouvernantes, chaque maison aurait les *accises* franches,
pour une certaine quantité de toutes
sortes de liqueurs, tellement qu'elles

seraient en état de traiter les étrangers à un prix raisonnable, et sans les engager à des frais exhorbitants comme il arrive dans les lieux de débauche. Outre ces maisons, il y en aurait une grande à part, qui servirait d'infirmerie, et à laquelle on assignerait un fond pour l'entretien, au moins, de deux médecins et de quatre chirurgiens habiles. Enfin on nommerait trois commissaires qui auraient l'intendance de tout, qui feraient droit sur les plaintes qu'on leur porterait, et qui auraient soin que chaque maison observât exactement les réglements et les statuts qu'on aurait jugé nécessaire au bon ordre de ces communautés.

Ensuite, pour accommoder selon leur rang les personnes qui fréquenteraient ces lieux, il serait à propos de diviser celles qui les habiteraient, en quatre classes, selon leur beauté, lesquelles pourraient exiger plus ou moins, à proportion de leur mérite. Dans la première, il y aurait huit demoiselles, qui auraient droit d'exiger trente sols pour chaque visite. La seconde classe consisterait en

six personnes, et l'on y payerait un écu.
La troisième n'en renfermerait que quatre, dont le prix serait d'une demi-gui-
née. Les deux autres composeraient la
dernière classe, et ne serviraient qu'aux
personnes du premier rang, qui ne refu-
seraient pas une guinée pour des mets
aussi délicats.

Une taxe légère sur chaque classe suf-
firait pour subvenir aux frais de cet établissement; car quand la première classe
ne paierait seulement que quarante
schellings par an, et les autres à proportion, cette somme monterait à plus de
dix mille livres sterlings : ce qui ferait
un fonds assez considérable, non-seulement pour payer les appointements des
commissaires, des médecins et des chirurgiens, mais même pour entretenir les
bâtards orphelins et les courtisanes émé-
rites.

Pour le bon ordre, il serait nécessaire
que chaque gouvernante fût maîtresse
absolue dans la maison commise à ses
soins ; qu'aucune demoiselle ne pût sortir sans sa permission; que le mensonge

y fût puni sévèrement; qu'on n'y admît
jamais d'enfants sous aucun prétexte;
qu'on y défendit la musique et autres
choses qui peuvent incommoder la communauté; qu'on n'y laissât point entrer
de gens querelleurs ou ivres, ni à des
heures indues, sans le consentement
de la maîtresse, et qu'en cas de violence,
elle pût obtenir main-forte de la justice.

Quant à la santé de la communauté,
si quelqu'un se plaignait d'avoir con-
tracté du mal dans le commerce d'une
demoiselle, et que sur la visite qui en
serait faite, elle fût convaincue d'une
indisposition qu'elle aurait cachée à la
gouvernante, elle serait dépouillée et
cassée. Si au contraire, elle découvrait
son malheur, on l'enverrait à l'infirmerie, où elle serait pansée aux dé-
pens de la société. Une femme qui aurait eu deux fois le mal de *Naples*, ne
pourrait plus rentrer dans une maison
publique. Notez que trois de ces moindres maux qu'on gagne dans les plaisirs
amoureux, seraient censés équivalents à
la grosse maladie.

On pourrait ajouter ici beaucoup d'autres réglements; mais jamais aucune société ne s'est fait tout d'un coup un corps complet de lois, c'est aux événements à marquer celles qui manquent. On laisserait donc à la sagesse des législateurs à suppléer dans l'occasion aux ordonnances, dont nous n'avons pu prévoir la nécessité.

Après avoir érigé ainsi des lieux publics, et leur avoir donné des statuts salutaires, il ne reste, pour perfectionner mon projet, que de prendre des mesures efficaces pour décourager la débauche particulière. C'est ici que je compte sur les dignes membres de la *société,* pour la réformation des mœurs. Sans doute ils n'agiront pas froidement dans une affaire, où tout leur promet un heureux succès, eux qui ont témoigné tant de zèle pour une chose de peu de conséquence. Qu'ils l'entreprennent donc. Il est bien vrai que les beaux discours qu'ils pourraient faire sur la pureté, engageront difficilement une de ces courtisanes ambulantes à se laisser mourir de faim; mais un petit séjour à *Bridwell,* ou quelques menaces de la transporter à la *Caroline,* sont des arguments d'un grand poids; et bientôt elle serait convaincue que le mieux pour elle est d'aller se faire inscrire dans une maison publique. Que s'il y en avait d'assez folles pour s'obstiner à aller vendre leurs charmes de rue en rue, au lieu d'en faire un usage conforme aux lois, on les enverrait peupler les colonies *Anglaises;* car de la manière que *Bridwell* est gouverné aujourd'hui, la pénitence involontaire qu'elles y feraient, servirait seulement à les appauvrir davantage, c'est-à-dire, à les enfoncer de plus en plus dans la débauche.

Supposons maintenant que les lieux publics sont favorisés et soutenus par le gouvernement, autant qu'il est possible, et que les lois ont déployé leur rigueur contre les autres branches de la débauche. Il sagit, par conséquent pour nous, de montrer quel avantage il en reviendrait à la nation, et comment cet établissement préviendrait ou diminuerait les maux, que nous avons dit être une suite nécessaire de la débauche. Car, pour les objections tirées de la religion ou de la morale qui pourraient m'être alléguées, j'en réserve l'examen à la fin de ce discours.

En premier lieu donc, je dis que la nation trouverait un profit considérable dans cette institution, en ce qu'elle retirerait du désordre je ne sais combien de personnes déréglées et débauchées. Je m'explique. Chaque année, un certain nombre de jeunes filles ou de femmes tombe dans des fautes contre la pudeur, et parvient par degrés au comble de l'infamie. L'incontinence devient bientôt leur moindre crime : elles commettent toutes sortes d'excès ; rien ne leur cause plus d'horreur ni de honte. La raison en est claire. Abandonnées de leurs parents, réduites à la dernière misère, si leur impudicité ne fournit pas à leurs besoins, il faut bien qu'elles recourent à d'autres moyens, au mensonge, aux fourberies, au vol, à pis encore. Non que ces crimes soient l'effet nécessaire

de la débauche, ou qu'ils aient la moindre connexion avec elle, car il y a une
infinité d'*honnêtes débauchés*. Mais la
manière dont ces malheureuses sont
traitées dans le monde est l'occasion de
leurs désordres. Les femmes qui ont con-
servé leur chasteté, soit par un effet
de leur froideur naturelle, soit par le
défaut heureux de tentations ou d'occasions, soit par d'autres causes; les hommes d'une conduite réglée, les débauchés
même, tous insultent à ces infortunées
créatures sans distinction : la même
marque d'opprobre est imprimée sur le
front de toutes : on leur témoigne le
même mépris ; de sorte que fissent-elles
ensuite des crimes horribles, on ne peut
plus rien ajouter aux affronts qu'elles ont
déjà essuyés. Affranchies ainsi de la
crainte des reproches, crainte qui est le
meilleur rempart de la vertu, il n'est pas
surprenant qu'insensibles à la honte, et
sollicitées par l'indigence, elles commettent de méchantes actions, quand elles
n'ont point à craindre la sévérité de la
justice.

Dans notre système, le cas change-
rait entièrement. Dès que ces sortes
de femmes auraient atteint le degré
nécessaire d'assurance, et avant qu'elles
fussent pressées d'une extrême pauvreté, elles entreraient d'elles-mêmes
dans une communauté de personnes
comme elles. Là, bien loin qu'elles fussent
nécessairement vicieuses, elles auraient
au contraire plus d'engagement à mener
une vie honnête, qu'en quelque profession que ce puisse être. L'argent qui cor-
rompt les premiers ministres leur sert
à couvrir leur corruption. L'éclat et l'utilité des dignités ecclésiastiques tente de
commettre des simonies. Accusez un
colonel d'injustice, il est jugé par ses
pairs, et votre information est traitée de
fausse, scandaleuse, malicieuse. Un lé-
giste vous trompe suivant la loi. Vous
devez bien remercier un médecin, lorsque vous vivez pour vous plaindre de lui.
La fourberie passe dans le commerce
pour prudence et pour savoir-faire. Il
n'en est pas de même d'une pauvre courtisane. Quand elle n'aurait commis

qu'une mauvaise action, et qu'elle n'aurait pris, par exemple, qu'une tabatière à un gentilhomme, elle ne peut guère éviter d'être découverte ; auquel cas elle sera ruinée d'abord, bannie des lieux publics, notée d'infamie ; et le mieux à quoi elle puisse s'attendre, sera d'être transportée aux îles. D'un autre côté, il n'y aura pas moins de motif de vertu, dans les maisons publiques, qu'en aucun autre endroit du monde. Il est naturel aux hommes d'avoir un égard particulier à la bonne opinion de ceux avec lesquels ils vivent, et de se négliger avec les étrangers. Or, dans ces communautés, l'acte de la débauche n'étant pas regardé comme honteux, et au contraire, faisant quelque honneur à ces demoiselles, elles n'oublieront rien pour être en bonne odeur parmi leurs compagnes, et elles ne seront pas moins sensibles au point d'honneur que le reste des hommes, puisqu'elles auront la même émulation généreuse et louable, et qu'elles seront détournées du mal par des châtiments ou plus grands, ou plus certains. Outre cette réforme par rapport aux mœurs, le public en retirera cet avantage important, qu'il ne sera plus alarmé pendant la nuit, par les désordres, les querelles, les batteries qu'occasionnent tous les jours les courtisanes vagabondes, et les maisons de débauches particulières, dispersées dans toute la ville, au grand détriment des honnêtes citoyens.

Nous avons déjà parlé du *mal français* comme d'une pernicieuse conséquence de la débauche, et nous avons eu grande raison, puisque dans la vie la santé est une condition *sine quâ non*. Ce mal, terrible en lui-même, est encore pire quand il est invétéré, et il n'est rien sorti de pareil de la funeste boîte de *Pandore*. Excepté à un certain âge, et dans certains tempéraments particuliers, les autres désordres ne ruinent point la santé, à moins que l'industrie des médecins ne s'en mêle. Mais pour celui-ci, c'est un ennemi qui a le loisir de nous abattre, si on ne lui résiste d'abord; il n'est pas un moment en repos; il acquiert chaque jour de nouvelles forces, jusqu'à ce qu'il n'en reste

plus au patient. On sent trop qu'une
exacte discipline dans les lieux publics
préviendrait la communication de cette
maladie contagieuse, pour que je m'a-
muse à en exposer les preuves ; ce qui
me donnerait un air de vain et ennuyeux
déclamateur. Comme cette maladie n'a sa
source que dans la fornication publique,
d'où elle se glisse ensuite dans les familles
particulières, c'est aussi de cette fornication qu'elle continue de tirer des recrues, pour ainsi dire. Quand cette source
sera donc une fois tarie, il est naturel que
la nation recouvre sa première santé et
son ancienne vigueur. Or, c'est ce qui ne
peut manquer d'arriver, pourvu qu'on ait
soin de préserver les lieux publics de
cette sorte d'infection. Car enfin quel est le
jeune homme assez ennemi de lui-même
pour s'exposer de propos délibéré à avoir
besoin des remèdes fâcheux d'un apo-
thicaire, lorsqu'il peut à son aise, sans
honte et sans craindre les *officiers réfor-
mants,* assurer la santé et satisfaire sa
fantaisie avec autant de maîtresses qu'il
lui plaît.

Il est vrai qu'à la première vue, l'entreprise de conserver les lieux publics sains et saufs, semble être difficile ; mais on n'y trouvera plus d'embarras, pour peu qu'on examine la chose avec plus d'attention. Cette maladie se communique réciproquement de la femme à l'homme, et de l'homme à la femme ; mais la première manière est plus commune, par plusieurs raisons. Nous ne ressemblons point aux coqs, ni aux taureaux, qui ont des sérails de femelles à leur dévotion. Au contraire, une femme industrieuse et laborieuse, qui se consacre à la débauche publique, est capable de satisfaire une bonne quantité de mâles, tellement qu'un nombre choisi de femmes semblables gagnent joliment leur vie à ce métier. Par conséquent, si la meilleure partie de ces femmes est mal saine, elles peuvent infecter une grande quantité d'hommes, au lieu que ces hommes n'ont ni la volonté, ni le pouvoir de gâter un pareil nombre de femmes. Je dis qu'ils n'ont point la volonté. En effet, une femme, pour amasser de quoi payer le chirurgien, peut feindre qu'elle a du plaisir, lors même qu'elle ne sent que du mal. Bien plus, elle peut hasarder de se plaindre qu'on lui cause de la douleur, persuadée que l'homme l'attribuera ou à ce qu'elle est chaste, ou à sa propre vigueur, et qu'il sera bien éloigné de penser qu'il a mal traité un chancre en passant. Les femmes étant un sujet purement passif en cette occasion, peuvent aisément se contrefaire de la sorte; au lieu que si un homme n'a un plaisir réel, il lui est impossible de faire quoi que ce soit. Je laisse à juger à ceux qui ont de l'expérience, combien l'imagination d'une femme doit être refroidie par une gonorrhée infecte; et si un homme en pareil cas, au lieu de chercher le plaisir, ne chercherait point à se procurer la guérison. On peut donc conclure avec toute sorte de certitude, que les hommes attaqués de cette maladie, ne songeant à rien moins qu'à la porter à d'autres, elle ne se répand au loin, et ne se communique de toutes parts, que parce que les femmes négligent de se faire guérir. Or, selon mon système, les lieux publics

seront réglés avec tant d'attention,
qu'une femme ne pourra cacher longtemps son mal, et qu'elle aura intérêt de
le découvrir, tellement que les maux de
ces sortes de femmes ont causés, seront
réparés avec le temps, et qu'enfin on
n'entendra plus parler de cette sale maladie. Mais en voici assez sur cette matière.

La seconde chose qu'on doit considérer dans ce vice, est la dépense où il
jette, et l'indolence qu'il inspire aux
hommes, auxquels il fait négliger leurs
affaires et perdre leur temps. Quelque
soient les occupations d'un homme,
elles ne peuvent arrêter la circulation de
son sang, ni prévenir la sécrétion de la
semence. Qu'il dorme ou qu'il veille, les
vaisseaux spermatiques font leur office,
quoiqu'il donne ses pensées à des affaires importantes, et qu'il ne fasse point
attention au chatouillement vénérien
qu'il sent. A la vérité, un homme débauché fait son unique étude de la science
du plaisir; sa lubricité force la nature de
fournir des esprits à sa passion; mais

alors sa constitution sera bientôt ruinée.
Les esprits animaux étant épuisés par
cette anticipation violente, son corps
sera affaibli et ses nerfs relâchés; de
sorte qu'après une vie irrégulière et effé-
minée, il ne pourra plus recouvrer ses
premières forces. D'un autre côté, les
parties qui souffrent davantage de la violence de cet exercice, sont sujettes à
divers accidents, et les débauchés dont
la santé est d'ailleurs vigoureuse et ro-
buste, sont souvent incommodés d'ulcères et de faiblesses qui viennent ou de
l'ulcération précédente des prostates, ou
de ce qu'ils ont outré la nature, ce qui
produit cette relaxation. Il est vrai que
ces hommes parleront toujours des femmes avec le même goût; mais quoiqu'ils
puissent dire, ils n'auront plus ces désirs
brûlants qu'ils sentaient auparavant,
lorsque leurs vaisseaux n'avaient point
perdu leur vigueur naturelle. Il est certain que la débauche ne subsiste plus
chez eux que dans l'esprit, et qu'elle ne
vit que des images de leurs anciens plaisirs, images qu'ils ne perdent pas

avec autant de facilité, qu'ils ont perdu
le chatouillement qui les a fait naître.
En un mot, cette passion s'affaiblit en
eux à un tel point, qu'avec le temps elle
passe *à glande penis ad glandem pinea-
lem*. Au contraire, un homme occupé ou
qui mène une vie régulière, éprouvera
rarement ces accès de luxure ; mais aussi
ils se feront sentir avec une fois plus de
violence : car enfin, quoique ce soit une
opinion reçue, que plus un homme tient
longtemps sa passion sous le joug, plus
il est capable de l'y tenir encore dans la
suite, cette maxime n'est vraie qu'en un
sens, et revient à ceci ; que si un homme
a été capable, par telles et telles raisons,
de vaincre sa passion pendant un mois,
par exemple, il sera capable de la vaincre
pendant un mois encore, si les mêmes
raisons subsistent, et que la tentation
n'augmente point. Mais néanmoins ses
désirs auront plus de force que ceux
d'un autre, qui n'ayant point ces motifs
d'abstinence, accorde chaque jour à sa
passion ce qu'elle exige. S'il y a quelques
hommes d'une constitution particulière,

dont trois petits boutons puissent aisément réprimer les chastes désirs, ou
qui, par une force extraordinaire de raison, se rendent maître de cette passion
tyrannique et furieuse, je les félicite de
tout mon cœur de leurs heureuses con-
quêtes; mais ce que je dis ne les regarde
en rien, puisque les lieux publics ne sont
point destinés pour de pareilles gens. Je
ne parle que des hommes occupés, qui
malgré la sagesse et la régularité de leur
conduite, sont réduits quelquefois à
chercher les moyens d'éteindre les flam-
mes qui les consument. Or, je dis que la
passion a plus de force dans les personnes de ce caractère, que dans des gens
adonnés au plaisir, et que leur abstinence contribue à augmenter la violence
de leurs désirs, et à les mettre hors
d'état d'y résister. Leur imagination
n'étant point refroidie par de fréquentes
jouissances, s'enflamme d'abord. D'un
autre côté, leurs vaisseaux spermatiques
ne sont point affaiblis par des évacuations forcées; ils conservent toute leur
vigueur, et leurs nerfs sont capables des

sensations les plus délicates ; de sorte
qu'au moindre badinage d'une fille qui
a quelques charmes, leurs vaisseaux san-
guins sont prêts à faire leur fonction.

Je demande maintenant ce que fera un
pareil homme, quand il a pris une fois la
résolution de se satisfaire. Il faut qu'il se
hasarde dans les lieux publics de débauche, où peut-être il gagnera quelque mal
qui épuisera sa bourse et qui l'empêchera
de vaquer à ses affaires, lorsqu'elles
l'obligeront de sortir. Sinon il est réduit
à faire servir son temps, son éloquence
et sa bourse à tromper une fille ver-
tueuse ; ce qui lui fera négliger ses affaires, et l'entraînera, selon toute apparence, dans des frais qu'il ne se serait
jamais imaginés auparavant.

Pour remédier à ces inconvénients, il
y aura des lieux publics toujours
ouverts, où un homme, selon ses facul-
tés, pourra régler sa dépense, depuis un
demi-écu jusqu'à une guinée, sans exposer sa santé le moins du monde. Ce
qu'on doit principalement considérer,
c'est que si un homme est surpris d'un

accès soudain de débauche, il pourra,
sans se détourner beaucoup, trouver une
maîtresse complaisante et disposée à le
satisfaire, qui le mettra à son aise en un
clin d'œil; après quoi, il poursuivra ses
affaires avec plus d'attention, n'étant
plus troublé par ces images volup-
tueuses, qui accompagnent toujours des
émotions telles que celles que je décris.

Ce n'est pas encore tout. Un triste
effet du commerce avec les femmes débauchées, c'est qu'il tend à dépeupler
une nation, soit par la destruction des
bâtards qui en naissent, soit en ce qu'ils
ruinent la constitution des jeunes gens,
qui venant à se marier ensuite, ne peuvent plus avoir d'enfants, ou n'en n'ont
que de maladifs, qui vivent peu. Le premier de ces inconvénients est presque
inévitable, surtout dans les femmes modestes, qui seront toujours capables de
se porter à cet excès de cruauté, tant que
la chasteté fera la gloire de leur sexe,
comme elle le doit. Cependant ce désordre
sera prévenu pour la plus grande partie
par mon système. Car chaque courti-

sane qui fera profession de la débauche, sous la protection des lois, aura un
appartement dans l'infirmerie, lorsqu'elle sera près d'accoucher, et il faudra qu'elle prenne soin de son enfant, ce
qui sauvera un nombre considérable de
ces petites créatures, qui selon toute
apparence seraient péries autrement.
De plus, il y a un grand nombre de filles
du commun, comme des servantes, qui
ne font guère mourir leur fruit, que par
la crainte de ne pouvoir plus trouver de
condition et de manquer de pain, si leur
maternité devenait publique. Or, cet établissement commode, fait pour leurs
pareilles, sera un motif puissant pour les
engager à entrer dans ces lieux, plutôt
que de commettre une action qui révolte
la nature, et qui doit être punie de mort,
si on la découvre.

Considérons maintenant ce qui regarde le mariage. Depuis que le monde
n'est plus dans l'état de nature, et qu'il
est composé de plusieurs sociétés indé-
pendantes les unes des autres, et divi-
sées chacune en divers ordres où degrés

distingués par leurs titres et possessions,
qui descendent de père en fils, il est in-
dubitable que le mariage est d'une nécessité absolue, non-seulement pour la
propagation régulière de l'espèce, et
pour procurer une éducation sage aux
enfants, mais encore pour conserver
cette distinction de rang qui autrement
serait confondue à la fin par des succes-
sions incertaines. Il n'est pas moins évident que toute sorte de débauches, quel-
les qu'elles soient, sont ennemies du
mariage, en ce qu'elles ruinent la vigueur
naturelle de la constitution, et qu'elles
épuisent les sources même de l'amour.

Comme cette passion nécessaire au
monde est d'une nature chatouilleuse, le
trop ou le trop peu lui nuisent également,
et il est difficile de tenir un juste milieu
sans tomber dans l'une ou l'autre extrémité. La nature nous donne en naissant
une provision extraordinaire d'amour.
Si les jeunes hommes vivaient dans une
chasteté entière, sans dissiper une partie
de leur feu, le premier accès d'amour leur
renverserait la cervelle, et la nation n'en-

tendrait parler que d'aventures amoureuses et de passions romanesques.
Avec le temps, le fils d'un pair d'*Angleterre* courrait risque de devenir chevalier
errant, et de prendre une fille de rien
pour sa *Dulcinée.*

Au contraire, tel qui n'est aujourd'hui
qu'un jeune tailleur éveillé, deviendrait
un *Roland le furieux,* et exposerait sa
tête pour obtenir une épouse riche d'une
haute naissance. En un mot, malgré l'in-
tempérance de notre siècle, nous voyons
tous les jours tant d'exemples de ces mariages disproportionnés et ruineux, qu'on
peut conclure avec raison, que si la nation vivait dans une sobriété parfaite
à cet égard, il n'y aurait point d'homme
qui pût répondre de la conduite de ses
enfants.

Il est vrai que sur le pied où sont les
choses, l'excès de chasteté est moins
à craindre que l'extrémité contraire,
quoi qu'il y ait des exemples de l'un et de
l'autre, et que bien des pères qui vivent
aujourd'hui, aimeraient mieux avoir vu
leurs fils cinquante fois dans une maison

publique, que de les voir mariés comme
ils le sont. Cependant l'autre extrémité
est autant ou plus à craindre, comme
étant plus commune, parce que la plupart
des jeunes gens accordent trop à leurs
passions; ce qui leur fait perdre l'inclination qui les porterait au mariage, ou les
rend incapables de répondre aux fins de
cet état.

Pour éviter ces deux extrémités dange-
reuses, des maisons publiques de débauche ne peuvent que paraître un remède
excellent à tout ce qu'il y a de personnes
sensées, puisqu'en premier lieu nous
éviterons l'inconvénient d'une continence
trop rigoureuse. Quand un homme a ac-
quis quelque expérience, en fréquentant
ces sortes de maisons, il est en état de
former un jugement de comparaison sur
les plaisirs que l'amour peut lui procurer. La jouissance change bien les idées
qu'il avait de la beauté. On ne doit plus
craindre pour lui, qu'il se laisse porter à
un mariage disproportionné, par les notions romanesques et chimériques de la
tendresse, qui aveuglent la jeunesse sans

expérience, et qui lui font croire que
l'amour suffit seul pour rendre un mariage fortuné. C'est sans doute ce qu'on
m'accordera sans peine, et qui ne mérite
pas que je le prouve davantage.

En second lieu, les maisons publiques
dont je parle préviendront les inconvénients de la débauche excessive, en ce
qu'elle ne nuira pas à la santé; et que
si l'on diffère de se marier pendant quelque temps, pour sa satisfaction particulière, il restera toujours assez de vigueur
aux hommes, pour leur faire souhaiter
un jour ou l'autre de quitter l'état joyeux
de garçon. Ajoutez que quand ils seront
une fois mariés, ils pourront accomplir
les devoirs de cette condition, comme
s'ils avaient toujours vécu dans une parfaite chasteté, et mieux même que s'ils
avaient été des héros de continence.

Cette proposition pourra sembler hardie, et néanmoins la preuve en saute aux
yeux. Cependant pour procéder avec
méthode, je distingue trois manières par
lesquelles les jeunes hommes débauchés
énervent leur vigueur naturelle et se

rendent impuissants. La première est la manufriction ou masturbation : la seconde, l'excès et la fréquence des plaisirs; enfin la troisième, les maux qu'on gagne dans la débauche.

Quant à la première cause, lorsque les jeunes garçons ont une fois appris ce jeu criminel, ils n'y renoncent guère qu'après avoir eu commerce avec les femmes. Ce qui les y fait persévérer plus qu'autre chose, c'est la sûreté, le secret, la commodité et le bon marché de ce plaisir.

Du moins, si ces *Onanistes* avaient la modération d'attendre les mouvements de la nature, quoique leur action ne soit point naturelle, elle ne leur causerait pourtant pas plus de préjucice, moyennant cette prudente discrétion, que ne fait la débauche avec les femmes. Mais au lieu de cette réserve, ils outrent tous les jours la nature; et bien qu'ils n'aient ni inclination, ni capacité pour s'attaquer aux femmes, ils se satisfont sur eux-mêmes, en suppléant au reste par l'agilité de leurs impudiques mouvements. Par-là, ils affaiblissent les parties destinées à la génération, et ils les accoutument tellement à cette friction violente, que quoiqu'ils aient de fréquentes évacuations sans aucune érection, cependant la sensation ordinaire que le commerce des femmes procure à ces parties, n'est point capable de les exciter à l'émission de la semence; ce qui les met hors d'état d'avoir postérité.

Pour arrêter ces pratiques clandestines et empêcher que les jeunes gens ne mettent *des mains violentes* sur eux-mêmes, nous avons imaginé les maisons publiques de débauche, qui ne sauraient manquer de produire un bon effet. Car enfin, quel garçon serait assez brutal pour préférer cet amusement puéril et solitaire aux caresses d'une belle femme, lorsqu'il peut se les procurer avec autant de commodité, de secret et de sûreté?

En second lieu, j'ai dit que souvent l'excès et la fréquence des plaisirs vénériens affaiblissent les hommes et leur causent la plupart du temps des ulcères

incurables. C'est ce qui n'arrive que
rarement ou jamais, si ce n'est dans les
débauches faites avec les personnes pri-
vées; savoir, lorsqu'une maîtresse a fait
une telle impression sur l'imagination
d'un homme, qu'il fait des efforts ex-
traordinaires et au-dessus de ses forces,
d'où il contracte une faiblesse dans les
vaisseaux spermatiques, dont il est
d'ordinaire plus difficile de guérir, que
d'une gonorrhée virulente. On préviendra ce danger en encourageant les maisons publiques de débauches : ce qui
détournera les hommes de penser à former des intrigues secrètes. On m'accordera sans peine qu'on ne doit point
appréhender d'excès pareils dans les
lieux publics, sur lesquels ce traité
roule. Comme chacun n'y agira que par
ce principe général d'amour qu'un sexe
a pour l'autre, il n'ira que jusqu'où la
nature le conduira, et qu'à proportion
des mouvements particuliers qu'il sen-
tira dans cette circonstance.

Pour la troisième cause de l'impuis-
sance, savoir, les maladies vénériennes,

j'ai déjà prouvé que mon projet est le meilleur remède dont on puisse s'aviser pour les prévenir. Je me borne donc à observer avec combien de bonheur mon système pourvoit aux mauvais effets de la luxure, sans en excepter un, quel qu'il soit, et de quelque biais qu'on envisage la débauche.

C'est pourquoi je crois avoir assez prouvé la première partie de ma proposition; savoir, que les lieux publics conserveront la santé des hommes, en sorte qu'ils auront la capacité, et par conséquent l'envie d'entrer un jour ou l'autre dans l'état du mariage.

J'ajoute maintenant que ces hommes rempliront mieux le but et l'intention de cet état, que s'ils avaient toujours gardé une continence rigoureuse et entière.

Quand un homme et une femme se choisissent l'un et l'autre d'entre le reste des hommes, ce n'est point la propagation seule de leur espèce qu'ils ont en vue : d'ordinaire, c'est même la moindre de leurs pensées. La principale chose qu'ils se proposent, c'est de couler

le reste de leur vie dans les doux embrassements et dans les caresses réciproques
l'un de l'autre ; de partager leurs joies
et leurs chagrins; de répandre dans le
sein l'un de l'autre leurs plaisirs et leurs
afflictions, et enfin de contribuer autant
qu'il est possible à leur bonheur récipro-
que. Pour les enfants, ils viennent d'eux-
mêmes et sans qu'on y songe, et les
parents les élèvent naturellement comme
ils peuvent.

Mais cette félicité dépendant de l'affection mutuelle des deux parties, dès que
cette affection se refroidit, soit dans
l'homme, soit dans la femme, le mariage
est malheureux, et on ne peut plus répondre aux fins sages et vertueuses de
cette condition. Pour rendre justice au
beau sexe, il a plus de constance en
amour que le nôtre. Les passions des
femmes sont moins aisées à exciter,
et on ne les voit point se fixer en un moment sur un objet, comme les hommes
font tous les jours. Mais en récompense,
quand la tendresse s'est emparée d'un
cœur féminin, elle y acquiert plus de

force, et elle s'y conserve mieux que dans
les hommes. La jouissance même de
ce qu'elles aiment augmente leur amour,
au lieu de le diminuer. Soit que les
femmes reprennent l'amour qu'elles ont
donné, et qu'il jette de nouvelles racines
en elles par la conception, au lieu que les
sentiments qu'un homme cause, ne l'af-
fectent que pendant le temps qu'il les
cause : soit que cette différence vienne
du tour d'imagination différent des hommes qui sont susceptibles des moindres
impressions que fait sur eux la première
beauté qu'ils rencontrent : soit qu'occupés de leurs affaires, ils ne prennent de
l'amour qu'en passant, et comme par
divertissement, au lieu que les femmes
en font leur principale affaire ; il est certain, par l'expérience de tous les jours,
qu'une femme, après la jouissance, ne
conserve qu'une petite partie de l'affection de son époux. Voyons donc qui
d'un homme chaste avant le mariage,
ou d'un homme qui a goûté d'avance les
plaisirs, est moins sujet à se refroidir
envers sa femme : en un mot, voyons

qui des deux doit être un meilleur mari.
La première chose qui refroidit un
homme après le mariage, est la disparité
des deux parties. Je vais m'expliquer.
Quand on ne s'est marié que par amour,
et au détriment de sa fortune, dès que les
premiers feux sont éteints, on ne peut
s'empêcher de regarder sa femme comme
la cause et l'auteur de ses infortunes;
ce qui produit une froideur et une indif-
férence qui aboutit peu à peu à une rup-
ture ouverte.

Or, s'il y a quelqu'un qui court risque de faire un mariage disproportionné,
c'est un homme chaste, comme je l'ai déjà
prouvé; et il n'y aurait point eu de meilleur moyen de le guérir de sa folie, que
de lui faire un peu connaître l'amour
par sa propre expérience.

D'un autre côté, ces gens réguliers
et continents qui ne se marient que par
amour, se forment des idées extravagan-
tes des plaisirs qu'ils goûteront dans le
lit conjugal; de sorte qu'ils tombent dans
une fâcheuse surprise, après les avoir
goûtés une fois. Un tel homme ne saurait

comprendre comment les charmes de
son épouse ont pu faire tant d'impression
sur son âme. Il ne peut comprendre
qu'elle ait encore les mêmes charmes qui
le transportaient hors de lui-même. Il
s'imagine avoir découvert en elle une
foule de petits défauts, et il attribue à
cette découverte sa froideur qui augmente sans cesse; au lieu que la cause de
ce changement est en lui-même, et non
point en son épouse qui est toujours
ce qu'elle a été.

Quand un homme brûle d'amour, et
que la passion fait battre son pouls avec
violence, il se jette une humeur peccante
sur ses yeux; ce qu'on peut observer
dans le temps même, parce qu'ils deviennent vifs et brillants. C'est alors que
la beauté de chaque trait acquiert de
nouveaux charmes, en passant par cet
organe vicié, et que toute femme devient
une déesse. Mais lorsque cette humeur
qui causait son éblouissement vient à
être tirée en bas par une révulsion,
comme dans le cas du mariage, alors les
yeux de l'homme s'ouvrent.

Quoi qu'il ait encore la vue basse et faible, et qu'il ne voie que comme au travers de plusieurs cercles bleuâtres, il aperçoit pourtant les choses mieux qu'il ne faisait, et sa déesse ne lui paraît plus qu'une mortelle, telle qu'elle est, dépouillée des fausses apparences dont son amour la revêtait.

Dans cette occasion, un mari qui a toujours été chaste, rejette sa faute sur sa femme et s'attache à quelque autre qu'il s'imagine n'avoir pas les mêmes défauts que la sienne. Alors il ne faut plus espérer de bonheur dans le mariage.

Au contraire, un homme qui a de l'expérience par devers lui, et qui a vu plus d'une femme, sait qu'elles se ressemblent toutes en un point, et que la violence de l'amour est toujours suivie d'un calme profond. Ainsi quand il se marie, préparé contre les inconvénients de cette nature, il est prêt à pardonner les fautes et les imperfections qui sont inséparables de la condition humaine.

Une preuve de cette vérité, c'est la

maxime établie chez les femmes, que les débauchés sont les meilleurs maris. Elles sentent qu'il est bien difficile de posséder seules l'affection d'un homme; qu'un jour ou l'autre, il voudra satisfaire sa curiosité sur ces sortes d'affaires, et qu'autant que cette expérience est utile avant le mariage, autant elle est dangereuse dans la suite.

D'un autre côté, pour achever de rendre le mariage heureux ou supportable, il doit y avoir quelque rapport entre les humeurs, le tempérament et les inclinations des deux parties. Si, par exemple, le mari ne peut souffrir le séjour de la capitale, et que la femme déteste celui de la campagne ; ou que l'un soit grave, sérieux, ennemi des divertissements, tandis que l'autre fait profession d'aimer la joie et le plaisir, il est impossible qu'ils s'accordent jamais ensemble. Ils seront tous les jours en différends. Or, les disputes entre gens mariés ressemblent à celles de religion; je veux dire qu'il est difficile de les apaiser. On en va juger par cet exemple.

Après la révocation de l'édit de *Nantes*, plusieurs *protestants* furent mis à la Bastille, où ils demeurèrent un temps considérable. Ils observèrent durant le séjour qu'ils y firent, que ceux qui eurent ensemble la moindre dispute, ne se réconcilièrent que quelque temps après leur élargissement. Ils en rapportèrent alors pour raison, que quoi qu'ils fussent compagnons d'affliction, néanmoins étant toujours dans la compagnie l'un de l'autre, leurs animosités conservaient leur première chaleur, faute d'une courte absence pour les refroidir. Il en est de même dans le mariage. C'est pourquoi on devrait se choisir une femme dont le tempérament revînt au nôtre autant qu'il est possible.

Or, cette attention est de celles dont un homme chaste et sans expérience ne s'avise jamais. Infatué de la personne qu'il aime, il s'imagine que son bonheur futur dépend de la possession d'une demoiselle d'une certaine taille, et avec des traits arrangés d'une certaine manière. Quand il a le malheur de ne pas rencontrer une figure telle qu'il se l'est dépeinte, quel surcroît de chagrin ne doit-ce pas être pour lui, de se trouver lié pour toujours avec une femme dont l'humeur ne ressemble en rien à la sienne, et dont par conséquent la satisfaction est incompatible avec la sienne propre? On peut juger de ce qui arrive alors. Lits à part, tables séparées, séparation de corps et de biens, procès : telles sont les suites de ces beaux mariages.

En un mot, considérons l'état conjugal de quelque côté que ce soit, nous trouverons qu'un homme qui en a goûté les plaisirs avant que d'en avoir pris le joug, sera meilleur mari, et répondra mieux aux fins du mariage, qu'un homme qui a vécu dans la chasteté jusqu'au jour de ses noces.

Ainsi nous voyons par cet heureux établissement des maison publiques de débauche, que loin qu'elle soit l'ennemie du mariage, elle lui sert beaucoup, et contribue à le rendre heureux.

Il nous reste maintenant à prouver la dernière partie de ce que nous avons

avancé ; savoir, que le projet d'ériger des
maisons publiques empêchera, autant
que faire se peut, que les honnêtes femmes ne soient corrompues, et réduira la
débauche dans des bornes étroites.

Pour éclaircir cette matière, il faut
s'arrêter un peu à considérer la constitution du beau sexe, tandis qu'il est dans
l'état d'innocence. Quand nous aurons
vu les fortifications que la nature a éle-
vées pour défendre la chasteté des
dames, nous verrons pourquoi il arrive
tant de fois qu'elles laissent entrer l'ennemi dans la place, et nous serons mieux
en état de la défendre.

Toute femme qui est capable de concevoir, doit avoir les parties qui y ser-
vent conditionnées de telle manière,
qu'elles puissent accomplir ce qui est
nécessaire dans cette conjoncture. Mais
pour qu'elles soient propres à l'usage auquel la nature les destine, il faut qu'elles
aient une sensation subtile et délicate,
et qu'à l'approche des organes virils,
elles excitent dans les femmes un plaisir
exquis, et au-dessus de tout ce qu'on

5

peut dire; sans quoi les organes réci-
piens ne peuvent s'évertuer, pour procurer la conception comme ils font, d'une
manière extraordinaire. Il faut que le
vagin entier soit un sphincter continué,
qui serre et embrasse le *penis*, tandis
que les nymphes et autres parties voisines ont leurs émissions particulières
dans ce moment critique; soit pour servir de véhicule, et pour rendre le pas-
sage soit glissant; pour s'incorporer avec
l'injonction masculine. Ajoutez que les
trompes de *Fallope* doivent se mettre
dans une posture propre à recevoir le
fluide fécond et à le conduire dans les
ovaires. Or, il est difficile de s'imaginer
que tant de membres alertes, des membres d'une telle délicatesse, des membres enfin qui agissent avec tant de
vivacité en cette occasion, soient, en
toute autre, froids et sans mouvement.

Car outre que l'expérience nous ensei-
gne le contraire, la belle disposition du
corps de la femme ne serait d'aucune
utilité, si la nature ne leur avait fourni
un chatouillement précédent qui les

excitât à entrer en action. Joignez à cette
preuve, que malgré tant de découvertes
que nous avons faites depuis peu dans
l'anatomie, nous ne trouvons point que
le clitoris puisse avoir d'autre usage que
d'allumer les désirs des femmes par ses
érections fréquentes, qui produisent
sans doute le même effet que celles du
penis, dont le clitoris est la copie parfaite en miniature.

En un mot, pour nous convaincre de
la violence de la passion des femmes,
lorsqu'elle est échauffée jusqu'à un certain point, il ne faut que considérer à
combien de risques terribles elles s'ex-
posent pour la satisfaire. La honte et la
pauvreté ne paraissent que des bagatel-
les, quand cette passion l'emporte une
fois.

Mais ce n'est qu'une partie de ce qu'il
y a à dire. Quoique les femmes soient
toutes sujettes à ces sortes de désirs, la
variété des tempéraments met une
différence considérable entre elles. De
même qu'il y a des hommes dont les
nerfs optiques et olfactoires ont moins

de vivacité que dans d'autres, aussi certaines femmes ont les nerfs des parties
féminines d'une sensibilité et d'une vivacité particulière. Soit que cette différence
vienne de la formation de leurs nerfs, ou
de la vélocité du sang qui circule dans
ces parties, ou de la quantité différente,
ou peut-être de l'acrimonie de ce fluide
qui est séparé du sang par les nymphes
et autres glandes, on peut assurer qu'à
proportion de la délicatesse de cette sensation, les femmes ont plus ou moins de
chasteté naturelle.

Pour contre-balancer l'impétuosité de
ces désirs naturels, on inculque avec
soins aux jeunes filles, dès leur enfance,
des notions fortes de l'honneur. On leur
apprend à haïr les putains, avant qu'elles
sachent ce que ce mot signifie. Quand
elles sont venues en âge, elles trouvent
que leur intérêt dépend absolument de
passer pour chastes.

Ces idées de l'honneur et de l'utilité,
sont ce qu'on peut appeler une chasteté artificielle; chasteté qui avec celle
que la nature donne, compose la chas-

teté réelle et actuelle de chaque femme.

Par exemple, il y a des femmes qui ont plus de chasteté naturelle ou moins d'inclinations lascives que les autres, et qui en même temps ont conçu des notions rigoureuses de l'honneur. De telles femmes sont presque imprenables. On peut les comparer à des villes que la nature et l'art ont fortifiées également, de sorte qu'elles ne sauraient être prises d'assaut, et qu'à moins d'une trahison, il faut les réduire par un siége long et régulier, pour lequel il y a peu d'hommes qui aient assez de patience et de résolution.

Il y a d'autres femmes qui font le même cas de leur réputation, et qui ont la même sensibilité pour ce qui s'appelle honneur; mais la nature les a faites d'un tempérament sanguin et amoureux. Une femme de cette espèce ressemble à une ville qui a une bonne garnison, mais dont les habitants mutins et sédicieux, ont un fort penchant à se révolter et à introduire l'ennemi dans la place. Il est vrai qu'avec beaucoup de soin et de vigilance, ces femmes peuvent apaiser des mutineries pareilles, et que l'honneur tiendra longtemps la passion en bride. Néanmoins la sûreté n'est pas encore parfaite. Il y a de certains temps fâcheux, des saisons critiques, des heures où l'on ne se tient point sur ses gardes; où l'on endort peu à peu l'honneur et l'intérêt, de sorte que l'amour gagne le dessus.

Or, c'en est fait dès ce moment. Quoique nous regardions l'amour et l'honneur comme des combattants égaux, et que nous ajoutions même que dans une bataille rangée, où l'un et l'autre paraîtraient avec toutes leurs forces, l'honneur aurait l'avantage; néanmoins il est impossible dans le cours d'une longue guerre civile, que l'amour ne gagne la victoire un jour ou l'autre.

Or, je le dis encore une fois, c'en est fait alors ; et cette victoire est décisive, car l'inclination a ce malheureux avantage sur l'honneur, qu'au lieu d'être affaiblie par la sujétion, elle en prend de nouvelles forces : semblable à la camomille qui s'élève à proportion qu'on la courbe davantage, ou au célèbre *Antée*

qui recevait une nouvelle vigueur de
sa défaite, et qui se relevait de terre
avec de nouvelles forces. Au contraire,
l'honneur mis une fois en déroute ne se
rallie jamais. La moindre brèche à l'honneur des femmes est irréparable, et les
blessures faites à la chasteté sont comme
les trous qu'on a creusé dans un jeune
arbre, et qui s'agrandissent avec lui.

D'un autre côté, l'honneur et l'intérêt
ont besoin d'une longue enchaînure de
raisonnements forts et solides, avant
que de pouvoir ranger leurs troupes
en bataille.

L'inclination, au contraire, est d'abord
sous les armes, dès que l'amour a levé
son étendard. Car enfin, comme le moindre regard tendre et amoureux d'une
dame excite une révolution soudaine dans
les esprits animaux de l'homme, et lui
fait bouillonner le sang, sans doute
l'imagination femelle s'échauffe avec la
même promptitude. Par conséquent, dans
une pareille rencontre entre l'amour et
l'honneur, il y a dix contre un à parier que
l'ennemi entrera; car la porte de la chas-

teté, semblable au temple de *Janus*, demeure toujours ouverte pendant des guerres de cette espèce.

Il est vrai que si la perte de l'honneur devait suivre sur-le-champ la perte de la chasteté, la vertu de ces femmes résisterait mieux. Mais elles se flattent de l'espérance du secret, et elles s'imaginent avoir trouvé les moyens de goûter des plaisirs qui ne coûtent rien à leur réputation. Ainsi elles concilient leur honneur avec leur inclination, ou du moins elles l'engagent à demeurer neutre : conduite dont les conséquences sautent aux yeux.

En un mot, une femme amoureuse et sensible à l'honneur, peut souffrir beaucoup d'attaques et défendre peut-être sa chasteté jusqu'au dernier moment ; mais elle est tous les jours en danger d'être surprise et de se voir réduite à ne se défendre plus que pour la forme.

Il y a une troisième sorte de femmes, qui ne ressemblent en rien aux précédentes, et qui n'ont ni honneur, ni penchant à l'amour, c'est-à-dire dont l'honneur et le penchant n'égalent point l'honneur et le penchant du reste du sexe. Ces sortes de femmes, selon les circonstances où elles se trouvent, sont au-dessus de l'amour ou n'y sont point. Quand leur intérêt et leur fortune dépendent de leur réputation, comme il arrive à toutes celles d'un rang médiocre, elles sont femmes d'honneur. L'intérêt, à la vérité, est inséparable de l'honneur des femmes; il en est même la base, et l'honneur et l'intérêt considérés comme gardiens de la chasteté sont des termes synonymes. Le point d'honneur sans l'intérêt n'empêcherait guère les femmes de s'abandonner à l'amour du plaisir.

Ainsi nous voyons que les filles se conduisent avec bien plus de circonspection lorsque leur fortune dépend encore d'un mariage à faire, que quand elle est assurée par la possession d'un mari.

Les femmes mariées, au contraire, agissent avec plus de liberté, parce qu'elles sont à couvert des moindres soupçons et de la probabilité seule de l'incontinence; qu'elles ne peuvent plus être trahies par leur grossesse, et qu'il ne reste, pour les convaincre, que d'être témoin oculaire de leurs démarches. C'est ce qui semble être cause que plusieurs se donnent tant de liberté, comme si elles étaient de l'opinion de *Falstaff*, lorsqu'il dit : *Les yeux seuls peuvent me convaincre*. C'est pourquoi l'honneur des femmes étant attaché à leurs intérêts, il faut diviser cette classe de femmes en deux autres : les premières dont la fortune est indépendante, et ne saurait souffrir des censures du monde; et les secondes, qui sont tellement au-dessous du reste des hommes, qu'elles échappent à leurs censures, ou qu'elles y sont insensibles.

Celles de la première espèce ont ce désavantage, que quelque chasteté naturelle qu'elles aient, la moindre étincelle d'amour suffit pour les rendre capables de tout, d'autant plus que quand une femme est une fois dans un âge mûr, cette portion d'honneur qu'elle a acquise se conserve avec peine et ne peut plus être augmentée.

Les femmes de la seconde sorte sont également sujettes à être tentées, et elles ont de plus ce désavantage, que quoiqu'elles ne puissent rien gagner à conserver leur chasteté, elles trouveront leur compte à la perdre, pour peu qu'elles aient de beauté.

La vertu de cette classe de femmes semble ne dépendre que de cet article; car si elles ont assez de charmes pour porter les jeunes gens à prendre un peu de peine, et à faire quelques dépenses, leur chasteté ne saurait tenir; il faut qu'elles se rendent.

La quatrième et dernière espèce de femmes est de celles qui avec peu de principes d'honneur ont beaucoup de penchant à l'amour. Leur vertu est sans défense, et dès qu'un homme leur a fait perdre ces petites craintes qui sont naturelles la première fois aux jeunes personnes, il peut avancer avec confiance et conclure que la brèche est pratiquable : car quelque résistance qu'il rencontre ensuite, elle ne servira qu'à augmenter le plaisir de sa conquête.

La plupart des femmes ont beau être résolues à tout relâcher, elles font semblant de ne vouloir accorder rien, et elles s'arment d'une fausse modestie, qu'elles veulent faire passer pour bonne, mais dont on leur sait peu de gré.

Dès que les femmes ont pris un peu d'amour, elles s'appliquent uniquement à en donner autant aux hommes, et elles sentent que la seule apparence de la modestie leur prêtera de nouveaux charmes. Ce qu'il leur en coûte pour étouffer leurs désirs est récompensé pleinement par le plaisir secret qu'elles tirent de la violence de leurs amants, qu'elles regardent comme une preuve de la sincérité et de la grandeur de leur passion.

Une femme a raison de craindre que la jouissance ne refroidisse son amant. C'est pourquoi elle voudrait bien s'assurer de sa constance, par le grand prix qu'elle fait semblant de mettre à sa chasteté, avant que de lui en faire un sacrifice.

D'un autre côté, pour ne point parler du plaisir actuel qu'une femme sent, en se défendant contre son amant, sa résistance la justifie aux yeux de cet homme; et c'est une espèce d'échappatoire pour son honneur et pour sa conscience : au moyen de quoi, elle se dit à elle-même qu'elle a été forcée en quelque manière.

C'est par cette raison que la plupart des femmes refusent de se rendre par capitulation et veulent être emportées d'assaut.

Après cet examen superficiel des diverses classes qui composent les femmes, selon les diverses circonstances où elles peuvent se trouver, on peut conclure, si l'on préfère la vérité à la complaisance, que la meilleure partie des femmes ne conservent leur chasteté que précairement, et que la chasteté féminine, en elle-même, porte sur un fondement chancelant.

Hudibras a situé plaisamment l'honneur des hommes dans les parties de derrière, par quoi il est en sûreté lorsqu'on l'attaque de front. Mais l'honneur des femmes, malgré la bonté apparente de sa situation, ressemble à la maison d'un débiteur, assise sur les limites de deux Comtés; je veux dire qu'on peut l'attaquer de deux côtés, par devant et par derrière.

Ceux qui ont écrit sur cette matière ont tous remarqué que le siége de l'honneur des femmes a deux faces, ainsi que *Janus*, et qu'il est par conséquent accessible par deux endroits.

Il reste à observer que *Lycurgue* pensait sans doute à cette situation, lorsqu'il donna les modèles des jupes des *Lacédémoniennes*. Car bien que la chaleur du climat obligeât les femmes de ce pays à couvrir peu leurs cuisses, tellement que selon *Plutarque*, dans le parralèle de *Numa* et de *Lycurgue*, l'habit des filles de *Laconie* ne leur venait que jusqu'aux genoux, et était ouvert des deux côtés; ce qui laissait paraître leurs cuisses nues quand elles marchaient : néanmoins ce sage législateur ne voulut point permettre de faire la moindre ouverture sur le devant, ni sur le derrière de leurs jupes, persuadé que ces deux avenues sacrées de l'honneur des filles devaient être gardées avec soin.

Par la même raison, la posture droite a toujours été estimée plus séante qu'aucune autre, et c'est une mode de tous les siècles et de tous les pays, parmi les femmes, de plier les genoux en saluant, au lieu de courber le corps. Car bien que cette dernière posture semble être une inclination modeste et douce du corps en l'honneur de la personne saluée, elle donnerait occasion de présenter les parties postérieures d'une manière indécente à ceux qui se trouveraient derrière : ce qui serait surtout ridicule, à présent qu'une dangereuse mode a fait ouvrir les jupes de nos *Européennes* par derrière.

Mais pour retourner à notre sujet, il faut que nous prouvions le syllogisme suivant.

La seule manière de conserver la chasteté des femmes est d'empêcher les hommes de l'attaquer : or, le projet des maisons publiques de débauche est l'unique moyen de détourner les hommes d'attaquer l'honneur des femmes ; donc ce projet est le seul moyen de conserver la chasteté des femmes.

Je compte que la première partie de cette proposition est assez prouvée. Il est évident par la simple considération du naturel des femmes, que si l'on souffre que les hommes cherchent leurs plaisirs comme à l'ordinaire, il n'y a aucun moyen efficace d'assurer la vertu des femmes, de quelque rang et de quelque âge qu'elles soient.

Si une femme a de la beauté, elle en est plus sujette à être recherchée. Si elle est laide, et qu'elle ait peu d'amants, on se fera un plaisir de la nouveauté d'une pareille conquête. Si elle est mariée, ce serait une merveille qu'elle n'aimât point des plaisirs auxquels elle est accoutumée, et qu'elle peut goûter ailleurs qu'auprès de son mari, sans danger. Si elle est fille, simple et sans expérience, il est aisé de la tromper et de l'attendrir. Si elle est riche, l'aise et le luxe rendent son sang vif et impétueux ; et l'amour est indomptable, quand il a fait longtemps abstinence. Si elle est pauvre, il est aisé de la gagner, parce que l'avarice et l'amour se joignent ensemble pour la séduire.

En un mot, il y a dans l'amour une certaine crise fatale, à laquelle il n'y a point de femmes qui échappent. La seule différence qu'il y a entre elles, c'est que celles qui ont plus de vertu se soutiennent davantage contre cette crise et ne succombent que quand une foule de circonstances fâcheuses s'unissent contre elles. Pour celles qui n'ont qu'une vertu médiocre, elles ne peuvent échapper que par un bonheur extraordinaire et incroyable. Mais vertueuses ou non, il faut absolument qu'elles succombent, quand la passion est parvenue à un certain degré de chaleur.

Puis donc qu'il n'y a qu'un moyen de mettre à l'abri la vertu des femmes, qui est de prévenir les entreprises des hommes, il faut voir s'il est possible de retenir ces ennemis de la pudicité féminine, autrement que par la création publique des maisons de débauche, et si cette fondation produira l'effet qu'on en attend.

Personne ne doute que les jeunes gens qui jouissent d'une santé vigoureuse ne préfèrent les plaisirs de l'amour à quelque chose que ce soit. Il n'est pas moins certain que les personnes en question feront tout pour se satisfaire, à moins que les lois n'attachent de telles peines à leur action, que la crainte les réprime et les retienne dans le devoir.

Or, il n'y a que trois choses que l'homme appréhende dans le monde : la honte, la pauvreté et les peines corporelles. Quant à la honte, il dépend peu des lois de la répandre sur les hommes, de sorte qu'elle mérite à peine le nom de punition. Si le pilori, par exemple, fait plus d'impression sur les hommes, par l'infamie dont il charge leur nom, que par le mal qu'il fait souffrir au corps, ce n'est point que la posture d'un homme qui montre la tête par un trou, soit ignominieuse en elle-même, ou rendue telle par les lois. C'est que ce châtiment apprend à tout l'univers, qu'on a convaincu le patient d'avoir commis une certaine action scandaleuse en elle-même, et dont il rougit de voir le public informé. Il est certain que l'honneur et le déshonneur n'étant rien que les opinions différentes des hommes sur la bonté ou la malice des actions, lesquelles opinions naissent dans l'esprit, de la convenance ou de *l'inconvenience* naturelle des actions mêmes, elles ne peuvent être changées ou déterminées par aucune puissance séculaire.

On en voit un exemple dans ce qui regarde les duels, où souvent c'est un honneur pour un homme d'avoir violé la loi, et où il est forcé de la violer pour défendre son honneur. C'est pourquoi ce que la loi peut faire de pis contre de pareilles actions, est de les publier aux yeux de l'univers. Mais il est évident que cette publication ne saurait avoir assez d'influence sur les esprits des hommes, pour les détourner d'un crime tel que l'amour, c'est-à-dire d'un crime bien venu dans le monde, et dont les jeunes gens se font gloire d'être coupables.

Il faut donc avoir recours ou à des amendes, ou à des châtiments corporels, ou à ces deux choses ensemble. Si l'on employe les amendes, il faut qu'elles

soient d'une de ces trois espèces : ou
qu'elles consistent en une certaine
somme déterminée pour chaque faute,
ou qu'on prenne une certaine portion des
biens entiers du coupable, ou enfin que
ce soit aux jurés à exiger telles sommes
qu'ils jugeront convenable pour réparer
le dommage de la femme.

La première sorte d'amende est impraticable, à cause de son inégalité par rapport aux biens différents des coupables.

La seconde ne serait une punition
que pour les gens riches.

La troisième serait impossible en plusieurs cas, parce que souvent les femmes
sont ruinées par des hommes qui ne
sont pas en état de payer des amendes
suffisantes. Mais accordons qu'on ima-
ginera une sorte d'amende avec tant de
bonheur, qu'elle sera toujours et possible et sensible à toutes sortes de personnes, dans les différents états de la vie.
Supposons encore que cette amende sera
assez considérable pour détourner de la
faute ceux qui ont tant soit peu de modération et de prudence.

Néanmoins nous nous trouverons dans un grand embarras par rapport à la preuve du fait.

S'il faut des témoins oculaires pour cette preuve, il n'y aura que les sots qui seront convaincus ; outre que le témoin qui jurera qu'il aura vu *reus in re,* devra avoir de bons yeux et être un hardi jureur. Que s'il suffit, pour convaincre un homme, du témoignage seul de la femme, l'inconvénient sera encore pire. Car elle recevra des dédommagements ou non, pour l'injure qu'on lui aura faite. Si elle n'en reçoit point, une femme modeste qui a un peu de sens commun aimera mieux cacher sa faiblesse que d'en faire un aveu public, qui ne retournerait qu'à son déshonneur, et qui ferait tort à un homme pour lequel il est apparent qu'elle conserve encore de la tendresse. Ainsi il n'y aura point d'homme accusé, si ce n'est par des femmes que les lois n'ont jamais eu intention de favoriser.

Si c'est la femme qui doit recevoir cette amende, soit en partie, soit en tout, par

voie de réparation, sans compter que ce
sera un véritable encouragement pour
elle à retomber dans la faute, ce sera
le moyen de faire naître une foule d'accusations calomnieuses. Car enfin quel est
l'homme qui puisse vivre avec tant de
circonspection, qu'une femme ne puisse
jamais l'accuser d'un pareil fait et revê-
tir son accusation de circonstances pro-
bables, quand il n'y a aucun moyen d'en
prouver la fausseté? Cette difficulté est
sans réponse et fait également contre
toutes sortes de punitions corporelles,
sans en excepter la mort. Car s'il y a
tant de fausses accusations de rapt, d'où
une femme ne tire aucun profit de la
poursuite du criminel, où elle est sujette
à tant d'examens embarrassants, où la
possibilité du fait est tellement révoquée
en doute, qu'une femme perd d'ordinaire
contenance, et qu'elle est obligée de
citer une infinité de circonstances proba-
bles qui concourent ensemble, avant que
de gagner créance dans les esprits.

Si, malgré ces découragements, il y
a tant d'accusations malicieuses de rapt,

que bien des gens condamnent la dou-
ceur de la loi à cet égard, à quoi ne devons-nous pas nous attendre dans le cas
présent, où une femme n'aura rien à
faire qu'à reconnaître simplement qu'elle
a été gagnée par des persuasions; ce qui
fera disparaître toute sorte de difficultés.

D'un autre côté, une telle loi serait un
remède pire que le mal, si même elle
était un remède. Car quelle amende ima-
ginera-t-on qui suffise pour détourner
les hommes, eux parmi lesquels il y
en a tant qui sacrifient leur fortune à
ce plaisir? Quelle punition corporelle,
excepté la mort, trouvera-t-on, qui soit
équivalente à ces gros maux, auxquels
un débauché s'expose chaque jour? A
quoi serviront donc des amendes et des
punitions corporelles?

Il est remarquable, d'ailleurs, qu'on a
jamais ni fait, ni même proposé de loi
contre la débauche, bien qu'elle ait toujours été un mal commun et pernicieux.
La sagesse seule de nos législateurs
devrait donc nous persuader, sans autre
preuve, que puisqu'ils n'ont point porté

cette loi, c'est qu'elle est impraticable.

Le torrent de la luxure entraîne les hommes avec trop de rapidité, pour vouloir l'arrêter à force ouverte. Voyons donc s'il n'y aurait pas quelque moyen de détourner son cours et de prévenir les mauvais effets de la débauche, puisqu'on ne peut prévenir la débauche même.

Plusieurs de ceux qui ont écrit sur le gouvernement ont exprimé ce qu'ils en pensaient, par la comparaison du corps politique avec le corps naturel, et c'est, entre autres, ce qu'a fait le célèbre *Hobbes* dans le *Léviathan*.

Pour faire usage nous-mêmes de cette allégorie, nous pouvons considérer l'esprit de débauche comme une espèce d'humeur peccante dans le corps politique, qui se jette d'elle-même sur les membres extérieurs qu'elle trouve sujets à l'infection, et propres en même temps à emporter la malignité de cette humeur.

Si cette décharge est aidée par une permission publique de fonder des maisons de débauche, qui sont une espèce d'évacuatif légal, la santé des citoyens s'en trouvera mieux.

Si au contraire on se sert des lois pénales, semblables à des astringents violents, elles attireront la maladie dans le sang, où elle assemblera ses forces, jusqu'à ce qu'elle en ait corrompu la masse entière, et qu'elle se jette enfin au dehors avec la dernière virulence, et au hasard de corrompre les membres sains, qui auraient autrement échappé à la contagion.

On remarque dans une chaudepisse, que la nature jette d'elle-même les humeurs nuisibles par les mêmes passages par lesquels elle les a reçus.

On sait aussi que si l'on contraint la nature dans cette évacuation, et qu'on repousse le venin au dedans, en se hâtant trop d'appliquer les styptiques, le mal se change en grosse vérole, saisit les parties vitales et, *semblable à un dard, perce la vie d'outre en outre,* comme parle *Salomon.* Mais pour laisser l'allégorie, qui convient mieux à la poésie et à la réthorique, qu'à des matières sérieuses

comme celle-ci, puisque le projet des
maisons publiques de débauche est le
seul expédient qui nous reste pour préserver la chasteté des femmes, la question est de savoir si cet expédient servira,
ou non, à la fin qu'on se propose.

Pour prouver l'affirmative, il ne faut
que nous examiner nous-mêmes et considérer nos passions : car l'amour a été
et sera toujours le même dans tous les
hommes et dans tous les âges. Les premières émotions amoureuses qu'un
jeune homme sent sont violentes, et ce
sont comme autant d'aiguillons qui allu-
ment dans son cœur des désirs véhé-
ments. La passion est forte, mais générale : c'est une envie, mais non un
amour; l'impatience naturelle à ceux qui
ont des envies lui fera chercher un chemin court pour se satisfaire.

En un mot, il préférera les caresses
faciles et volontaires d'une courtisane à
l'espérance incertaine et éloignée de
vaincre les refus d'une modeste demoiselle, qui ne pourrait fléchir qu'avec bien
du temps et de la peine, et qui même

alors pourrait lui causer plus de chagrin
après la jouissance, qu'elle ne lui en aurait coûté auparavant.

D'un autre côté, quand même les jeunes gens deviendraient amoureux d'une
certaine personne en particulier, ce qui
est bien rare, et qu'il serait en leur pouvoir d'amener cette personne à leur but,
ce qui est moins commun encore, ils
sont sujets à une certaine honte secrète
qui accompagne leurs premières saillies,
et qui les empêche de déclarer leur passion, jusqu'à ce qu'elle acquière tant de
force, qu'ils soient réduits à recourir aux
officieuses courtisanes, par le moyen
desquelles ils soulagent leurs feux, sans
que leur propre modestie en souffre.

Mais quoique l'inclination naturelle
des hommes les porte dans leurs premières amours à chercher des plaisirs
aisés, néanmoins celles qui veulent bien
les leur procurer sont dans une triste
situation. Faute de bons réglements,
elles sont infâmes dans le monde et mé-
ritent de l'être. Les endroits où elles
choisissent leur demeure ne peuvent

être abordés de ceux qui ont soin de leur
réputation. Elles surfont avec tant
d'imprudence ce qu'elles débitent; leurs
demeures sont tellement sujettes à la
puissance civile et infectées des visites
mercenaires des connétables : enfin,
pour comble de malheur, certains maux
infâmes y sont communs et inévitables à
tel point que bien des gens sont forcés,
contre leur inclination, de chercher,
chez d'honnêtes femmes, des plaisirs
moins dangereux, sans vouloir goûter de
ceux que les femmes publiques leur
offrent, ou après en avoir fait une triste
expérience.

Que si malgré ces inconvénients, tant
de jeunes hommes ne laissent point que
de préférer les femmes publiques aux autres, quel succès ne devons-nous point
attendre de l'heureux établissement que
nous proposons, quand la conduite de
nos jeunes demoiselles sera réglée d'une
manière bienséante; qu'on trouvera
toutes sortes de commodités dans leurs
maisons, que les choses y seront à un
prix raisonnable, qu'on n'y craindra plus

le fléau redoutable de la vérole, et que
les lois, loin d'être contraires à ces
assemblées, les prendront sous leur
protection, et les maintiendront autant
qu'il sera possible? Il est certain que
nous pourrions compter alors sur une
réforme entière des mœurs.

Si pourtant ces moyens ne réussissaient
pas entièrement et que quelques personnes s'obstinassent encore à la poursuite
des plaisirs défendus, malgré ce qu'on
aurait fait pour leur en procurer de légi-
times, il faudrait alors avoir recours à
l'autorité des lois pour les punir. Car enfin, bien qu'elles ne puissent prévenir le
penchant des hommes au plaisir, elles
peuvent le régler. La chose n'est pas en
leur pouvoir, mais la manière de la chose
y est. Il faut qu'un homme mange, c'est
une nécessité, mais ce n'en est pas une
qu'il mange ceci ou cela. On peut le
diriger quant à la qualité des mets.
Il n'est point d'effort qui puisse arrêter
un cheval indompté, mais un rien suffit
pour diriger sa course d'un autre côté.

Je dis la même chose d'un ruisseau

dont on ne peut arrêter le cours, tandis qu'il est facile de le détourner. J'en dis autant de l'amour, qui indocile et opiniâtre en général, change d'objet particulier par la moindre circonstance.

Or, on m'avouera que les peines infligées par les lois n'ont pas peu de force, lorsque ce que les lois commandent n'est pas impossible.

Mais ce que je viens de dire est une preuve surnuméraire, superflue, et *ex abundanti*.

En effet, les maisons publiques établies sur le pied que nous disons, auront tant d'avantages sur les plaisirs qu'on pourrait trouver chez les femmes particulières, soit par rapport à la commodité et à la liberté, soit par rapport à la beauté et à la variété, que l'inclination naturelle des hommes suffira pour les conduire dans ces lieux, sans que les lois s'en mêlent. S'il y a quelque danger à craindre, il est d'une autre espèce. Il y aurait quelque raison d'appréhender au contraire que, la luxure publique étant une fois tournée de ce côté-là, on n'eût

point assez de sultanes pour peupler ces
sérails; ce qui décréditerait d'abord ces
maisons, et leur ferait un tort irréparable.
Mais cette objection n'est que plausible;
et pour peu qu'on y regarde de près, elle
disparaîtra d'elle-même et justifiera notre
projet.

Il est constant qu'il y a parmi nous un
nombre de jeunes hommes dont les passions ont trop de force pour souffrir le
frein qu'on voudrait y mettre. Il s'agit
donc d'imaginer un moyen d'y satisfaire, qui coûte à la vertu des femmes le
moins qu'il soit possible. Mais la difficulté gît à ajuster les choses de telle manière et à borner avec tant d'exactitude
les passions des jeunes hommes, qu'on
ne sacrifie pas une seule femme de plus
qu'il ne serait nécessaire pour préserver
la vertu des autres.

Il est vrai que les galants de notre siècle n'ont point la vigueur de ce lascif
empereur de *Rome,* qui dépucela dix
vierges *Sarmates* en une nuit. Mais à ce
qui nous manque de force, nous y sup-
pléons par la délicatesse de nos goûts.

Semblables à des estomacs malades, il
nous faut des mets de toutes sortes d'espèces.

Il y a même quelques-uns de nos jeunes gens, dont la délicatesse ne s'accom-
mode que des pucelles. Ils ressemblent à
ces insectes qui détruisent une infinité
de fleurs, parce que leur palais difficile
n'en aime que les jeunes et tendres boutons.

Mais nous ne devons point juger de la
force de ces sortes de gens par le nombre des femmes qu'ils débauchent, non
plus que nous jugerions qu'un homme
qui ne mange que des croupions a beaucoup d'appétit, parce qu'il marchande
plusieurs douzaines de pigeonneaux. Ce
n'est pas toujours par une imagination
luxurieuse et par un goût lascif, qu'un
seul homme détruit tant de pucelages.
Souvent c'est qu'il cherche sa sûreté per-
sonnelle.

Les jeunes filles étourdies, sans soin,
sans expérience, aimant le badinage, se
conduisent avec tant de légèreté dans
leur première passion, qu'elles ne man-

quent guère d'être prises, et qu'un
homme ne trouve plus de sûreté à demeurer fidèle. Ainsi bien des femmes,
qui pourraient rendre au public des services signalés, lui deviennent inutiles
dans peu de temps; et il se trouve, par
un calcul modeste, que nous perdons en
un an assez de femmes vertueuses pour
servir la nation entière pendant six ans.

Les maisons publiques régleront cette
affaire avec tant d'exactitude et de précision, que l'un portant l'autre, nous
employerons chaque année autant de
femmes qu'il en faudra pour le service
public, sans qu'il y en ait une seule de
trop ou de moins.

Lorsque ce projet sera mis en exécution, la quantité prodigieuse qu'il y a
aujourd'hui de ces sortes de femmes
nous mettra en état de faire un choix excellent, et portera sans doute pendant
quelque temps la jeunesse à se jeter sur
ces victimes de la débauche publique; de
sorte que la débauche particulière per-
dra d'autant : ce qui diminuera le nombre des femmes que le malheur d'avoir

7

été corrompues réduit à vivre dans une corruption éternelle.

En effet, le corps de notre jeunesse incontinente étant comme une armée sur pied, et se trouvant toujours en action, il n'en restera guère pour faire les recrues nécessaires.

Mais nous n'en souffrirons point d'inconvénients. Car si des recrues de jeunes femmes, que nous pouvons attendre avec raison des parties *méridionales* et *septentrionales* de ces royaumes ou des endroits éloignés, et des pays étrangers, ne suffisaient pas pour nos besoins, tellement que la réputation de nos lieux de débauche vînt à décheoir, le pis qu'il pourrait arriver, ce serait de retomber peu à peu dans l'état où sont les choses aujourd'hui, autant qu'il serait justement nécessaire pour recruter les maisons publiques, et pour leur rendre leur premier éclat. Car chaque femme qui est débauchée au delà du simple nécessaire, augmente dans la même proportion le crédit des maisons publiques, et expie en quelque manière la perte de sa chasteté, en ce qu'elle est un moyen pour conserver celle des autres : tellement que quand la débauche des particuliers passe les bornes justes et nécessaires, elle perd bientôt ce qu'elle a gagné de trop, par l'encouragement qu'elle fournit aux maisons publiques. Je veux dire qu'elle diminue à proportion des colonies qu'elle envoye dans ces maisons : ce qui est tout ce qu'il y a de possible dans ce cas.

Je pourrais prendre cette occasion de m'arrêter sur les avantages sans nombre, qui reviendront de mon projet à la nation. Mais je me borne à remarquer qu'il a ceci au-dessus des autres systèmes, que nécessairement il s'exécute de lui-même.

Mais comme la nécessité de débaucher un certain nombre de jeunes femmes n'est dû qu'à la nécessité de remplir les maisons publiques, on pourrait avec beaucoup de raison demander si ce ne serait pas un avantage considérable, et qui mènerait à l'extirpation entière de la débauche avec les honnêtes femmes, que

d'obtenir un acte du parlement pour
encourager le transport des étrangères
dans le royaume.

J'avoue que ceci mérite une sérieuse
attention : car outre l'honneur de nos
concitoyennes, que nous préserverions
par un acte semblable, il nous rapporte-
rait encore cet avantage, qu'au lieu que
la plupart de nos jeunes gens riches em-
ployent une grande partie de leur temps
et de leur bien à voyager, dans l'unique
vue, comme il semble, de connaître par
eux-mêmes la galanterie *Française* et
Italienne, ils pourraient satisfaire cette
curiosité sans sortir de *Londres.* Cependant je laisse décider cette matière à de
meilleures plumes, persuadé qu'une
vérité de cette nature a trop l'air de la
nouveauté, pour que mon autorité seule
soit d'un poids à la faire recevoir.

Il suffit pour le présent que j'aie pleinement prouvé ce que je me suis proposé, en commençant ce traité, savoir,
que la débauche avec les femmes publiques est moins criminelle en elle-même,
et fait moins de tort à la société, que les

galanteries particulières; et qu'en fondant
des maisons publiques pour cet effet,
non-seulement on préviendra la plupart
des conséquences fâcheuses de ce vice,
mais encore qu'on diminuera le nombre
des débauchés en général, et qu'on
réduira la débauche autant qu'il est possible de le faire.

Après ce qu'on vient de dire, il y a
peut-être quelque chose d'assez bizarre à
parler des objections prises de la religion, comme si le *christianisme,* ou la
morale, pouvait objecter quelque chose
contre un système qui n'a pour but que
le bien-être du genre humain.

Mais puisqu'une infinité de gens parmi
nous ont des notions assez chimériques
de la religion, pour s'imaginer qu'en certains cas, une foi peut être injuste et
criminelle, quoiqu'elle tende manifeste-
ment au bien public ; comme si l'on ne
pouvait faire un prudent usage de cette
vie sans hasarder le bonheur de l'autre;
puisque tant de gens d'esprit se sont
laissé prévenir de ce faux principe, je
répondrai avec autant de précision qu'il

se pourra aux difficultés qu'ils m'opposeront.

En premier lieu donc, je m'attends qu'on m'attaquera par cette vieille maxime de morale, qu'*il ne faut pas faire du mal, afin qu'il en arrive du bien*. Mais on y peut répondre par un autre axiome qui ne lui cède ni en ancienneté, ni en autorité, et qui d'ailleurs convient bien mieux à la matière présente; savoir, que *de deux maux, il faut choisir le moindre.* Je m'explique.

Un membre particulier de la société peut sans doute commettre un crime, dans la vue de procurer le bien de cette société; ce qui était en partie le cas de *Felton* contre le duc de *Bukingham,* et cette mauvaise action était peut-être produite par une bonne intention ; mais elle fut justement condamnée de tout le monde, comme une présomption inexcusable, puisqu'il fit un mal certain, dans la vue d'un bien incertain. Mais il y a bien de la différence par rapport aux législateurs. Ils sont chargés seuls du bien-être de la société ; le bien public est ou doit être l'unique but de leurs actions, et ils ont plein pouvoir de faire tout ce qu'ils jugent propre à cette fin. Si leur intention est nette, c'en est assez pour acquitter leur conscience. Et par rapport au monde, leurs actions, c'est-à-dire leurs lois, sont jugées bonnes ou mauvaises, justes ou injustes, selon qu'on les trouve avantageuses ou pernicieuses à la société en général ; et par conséquent, c'est une absurdité grossière et une parfaite contradiction dans les termes, de soutenir que le gouvernement ne peut pas faire un mal, pour qu'il en arrive un bien. Car enfin si un acte public réussit heureusement, et produit plus de bien qu'il n'occasionne de mal, il doit être regardé comme bon, quoique, considéré en lui-même, et sans ses conséquences, il fût mauvais et injuste au suprême degré.

Par exemple, un vaisseau faisant sa quarantaine, et connu pour être infecté, vient à périr par une tempête ; quelques-uns de l'équipage se sauvent à la nage avec peine et arrivent à terre : mais au

moment qu'ils abordent, le gouverneur
du lieu leur fait casser la tête. Cette action en elle-même est un meurtre contraire au *christianisme* et à l'humanité;
mais comme le salut d'une nation entière est assuré par cette précaution, il
n'est pas étonnant qu'elle passe pour
excusable, et même pour juste, dans un
sens étroit et rigoureux.

Une autre objection, ou pour mieux
dire, la difficulté mise dans un autre jour,
est que si le bien de la société est ou
doit être la fin de toute loi et de tout
gouvernement, d'un autre côté, notre
bonheur éternel étant le souverain bien
auquel les *chrétiens* aspirent tous, un
gouvernement *chrétien* ne doit pas auto-
riser le moindre péché, quelque avantage temporel qu'il en puisse retirer.

Je réponds que de l'aveu général, une
des principales perfections de la religion
chrétienne est que ses préceptes tendent
directement à procurer le bonheur des
hommes dans ce monde et dans l'autre.
C'est donc s'en prendre à la sagesse infi-
nie du Législateur, et se contredire soi-

même que de supposer qu'on peut, en matière de loi et de gouvernement, violer quelque précepte de l'évangile, en procurant le bien temporel d'une société. Nous osons assurer au contraire, qu'aucune loi criminelle ne peut être utile, et qu'aucune loi utile ne peut être criminelle.

Or nous avons assez prouvé l'avantage que le public tirerait de la fondation des maisons publiques autorisées par les lois. Il s'ensuit donc que cette permission n'aurait rien d'illégitime ni de contraire à la religion. Mais de peur que le mal apparent de la fornication ne soit encore allégué contre la raison générale que je viens d'apporter, examinons cette matière avec plus d'attention.

Il est certain que la fornication est une transgression directe d'un précepte de l'évangile, d'où il s'ensuit que c'est un péché. Mais ce péché, en tant que tel, n'intéresse pas plus le gouvernement que l'usage des boudins de sang, que la même loi défend également (1). La raison

---

(1) Act. ch. 5, 29,

en est que ce péché consiste dans une
pleine intention de satisfaire un désir
criminel : or les lois ne sauraient empêcher cette intention. Les peines qu'elles
imposent peuvent bien dégoûter les
hommes de satisfaire ce désir, mais d'ailleurs elles les augmentent au lieu de les
diminuer. Que si on soutient que le péché de l'intention est aggravé par l'exécution, tant mieux pour notre thèse : car
alors je raisonne de la manière ·sui-
vante.·

Puisque le péché de l'intention n'est
point sujet au pouvoir des lois, ce
qu'elles peuvent faire de mieux par rapport à ce péché, est d'empêcher qu'il ne
soit aggravé par l'acte qui le met en
exécution.

Or les maisons publiques préviendront,
autant qu'il est possible, à l'exécution
actuelle de ce péché, ainsi que nous
l'avons prouvé ci-dessus : donc les maisons publiques préviendront ce péché
autant qu'il est possible.

Une autre branche de cette objection,
sans laquelle l'objection elle-même

n'aurait aucune force, est qu'en autori-
sant les maisons publiques de débauche, on autorise aussi la débauche du
peuple.

Si, par peuple, on entend les habitantes
de ces maisons, je compte qu'on ne regar-
dera point comme un crime d'encourager, ou, pour mieux dire, de borner à
la pratique d'un seul crime celles qui en
auraient commis des milliers; surtout
s'il est vrai qu'elles auraient commis ce-
lui-là, soit qu'elles fussent encouragées
ou non.

Mais si l'on croit que cette permission
serait un encouragement pour la nation
entière, on se trompe fort. Quant aux
hommes, ils sont déjà aussi méchants
qu'ils le peuvent être; et si quelque
chose les guérit, ce doit être la satiété.
Qu'on les laisse donc se rassasier à leur
aise des plaisirs d'un amour illégitime.
Ils apprendront bientôt à préférer les
chastes et innocents embrassements de
leurs femmes aux caresses vénales de
quelques courtisanes, auxquelles ils ne
peuvent faire sentir ni plaisir, ni amour.

On a observé avec raison que la contrainte ne sert qu'à fortifier les passions au lieu de les guérir : *exsuperat magis, œgrescitque medendo* (1). C'est pourquoi un ingénieux écrivain, qui avait bien étudié les hommes, à dit sur ce sujet que renverser les maisons publiques, c'est non-seulement disperser la fornication de toutes parts, mais encore irriter les passions indomptées du peuple par la difficulté.

On a remarqué à *Rome* que lorsque le divorce était permis, on n'en vit pas un seul exemple en cinquante années, et que *Caton* soupira de nouveau pour sa femme, dès qu'il la vit entre les bras d'un autre.

Un des maîtres dans l'art d'aimer (2) s'est exprimé de la sorte :

Quod licet ingratum est, quod non licet acrius urit (3).

---

(1) *Æneid, lib.* 12.
(2) *Ovide.*
(3) Plaisir permis n'a point de goût ;
La défense fait le ragoût,

Et *Martial*, parlant d'un homme marié, s'exprime en ces termes :

Cur aliena placet tibi, cui tua non placet uxor ?
Numquid securus non potes arrigere ? (1)

Le même parle de la sorte dans une autre épigramme :

Nullus in urbe fuit totâ, qui tangere vellet
Uxorem gratis, Cœciliane, tuam,
Dum licuit : sed nunc, positis custodibus, ingens
Turba fututorum est. Ingeniosus homo es. (2)

Les maisons publiques encourageront les hommes, non point à devenir luxurieux, mais à satisfaire leur luxure par des moyens convenables, sans troubler la paix de la société, en se faisant à eux-

---

(1) Tandis que refusant les faveurs de ta femme,
　　A la femme d'autrui tu cours en demander,
　　　　Que penser d'une telle flamme?
　　　　La peur te fait-elle b...er ?
(2) Tant qu'avec ta moitié tout accès fut permis,
　　Cécile, aucun galant *gratis*
　　　　N'eût voulu la toucher dans *Rome :*
　　Mais depuis qu'avec soin tu la fais escorter,
　　Une foule d'amants s'empresse à l'exploiter.
　　　　O l'habile homme!

mêmes le moins de tort qu'il est possible.

Pour ce qui est des femmes, il n'y a pas dans mon système la moindre ombre d'encouragement pour elles.

En effet, il n'y aura jamais de fille d'honneur qui veuille le perdre, quand elle n'aura à gagner que le titre de courtisane publique; et quant à celles qui s'embarrassent peu du qu'en dira-t-on, la protection qu'on accordera aux maisons publiques ne les engage pas plus à donner dans la débauche, que la permission qu'on donne à un certain nombre de carrosses de louage de marcher les dimanches, n'excite les autres à se mettre sur la place, puisque cette permission même qu'on accorde à quelques-uns, renferme une défense expresse pour les autres.

Après avoir assez prouvé que l'institution des maisons publiques est avantageuse à la société, et avoir répondu aux objections que le *Christianisme* peut fournir contre moi, j'ajoute que l'exemple des *Italiens,* c'est-à-dire d'une nation ha-

bile, s'il y en a une au monde, favorise
la première partie de mon raisonnement;
que j'ai en faveur de la seconde, l'opinion
de la *Hollande,* l'une des églises réfor-
mées les plus sévères; et enfin que cette
institution n'est point nouvelle chez nous
et qu'elle subsista en *Angleterre* jusques
dans le seizième siècle, qu'elle fut ren-
versée par le zèle impétueux de nos premiers réformateurs.

Les maisons publiques étaient alors
dans le faubourg de *Southwarck,* où elles
subsistaient par la permission déclarée
du gouvernement, si même ce n'est point
par des priviléges exprès : ce que nous
aurions assez de raison de croire, puisqu'elles payaient une taxe réglée au
lord-maire et à l'évêque de *Londres.*

Nous ne trouvons point qu'on les eût
jamais inquiétées jusqu'à la vingt-cin-
quième année du règne d'*Edouard III.*
Alors le parlement assemblé à *West-*
minster passa un acte à la réquisition
des bourgeois de *Londres,* par lequel les
courtisanes publiques furent obligées de
se distinguer des autres femmes, en

portant des chapeaux rayés de diverses couleurs ou de plusieurs sortes d'étoffes, et en tournant leurs robes sens dessus dessous. Mais ce ne fut qu'une bagatelle, au prix de ce qu'elles souffrirent trente ans après par la persécution de *Wat Tyler.*

La cinquième année du règne de *Richard II, Wat* partit de *Darmouth,* animé d'un véritable esprit de réformation, et résolu de brûler ou de renverser tout ce qui s'opposerait à ses desseins. Si le palais archiépiscopal de *Lambeth* ne put échapper à sa fureur, on ne devait pas s'attendre qu'il fit grâce aux maisons publiques, outre que la débauche n'était pas un des moindres griefs de *Wat.* Il avait commencé sa rébellion par tuer un des collecteurs de la capitation, sur ce qu'il témoignait trop de penchant pour sa fille. Sa haine pour la débauche fut irritée encore par la conduite du lord-maire, qui lui ferma les portes de *Londres.*

Indigné de cet affront, il crut ne pouvoir s'en venger mieux, qu'en retran-

chant une branche considérable des revenus du maire, savoir les bordels publics.

En un mot, tout concourait à la destruction de ces maisons, et elles furent
démolies. Au reste, cette action coûta la
vie à *Tyler;* car *Guillaume Walworth,*
maire de *Londres,* le renversa de dessus
son cheval à *Smith-Field;* action dont
le roi le récompensa en le faisant chevalier, en lui donnant une pension de cent
pièces, et en ajoutant un poignard aux
armes de la ville.

Tandis que les courtisanes étaient
dans cette situation incertaine et chan-
celante, l'évêque de *Londres* crut devoir
profiter de cette occasion d'augmenter
ses revenus, en accordant sa protection
à ces sortes de femmes. Cette conduite
fit naître de nouveaux troubles. *Jean
Northampton,* successeur de *Walworth,*
piqué de voir que l'évêque usurpait
ses droits, ou peut-être animé par un véritable principe de réformation, car il
était *Wicleffiste,* fit souffrir une dure persécution à ces malheureuses. Il avait dans

8

chaque rue ses espions et connétables, pour arrêter ces femelles vagabondes. Celles qui n'avaient ni assez de charmes, ni assez d'argent pour corrompre ces officiers, étaient promenées par la ville avec les cheveux rasés, et précédées de trompettes et de fifres.

Cette conduite, contraire aux ordres exprès de l'évêque, fut cause qu'ils eurent souvent des différends ensemble sur cet article. Cependant ce fameux réformateur, que son esprit inquiet avait fait surnommer *Cumber-Touw* (1), ne laissa pas que de continuer. Mais comme il avait succédé à *Tyler* dans le dessein de réformer *Londres*, il lui succéda aussi dans ses malheurs.

Deux ans après, il fut convaincu de haute trahison, sans qu'il se défendît le moins du monde, dépouillé de ses biens qui furent confisqués, condamné à une prison perpétuelle à cent milles de *Londres*, et enfermé dans la forteresse de

---

(1) Ce mot signifie *fâcheux incommode*.

Tentagil, dans la province de *Cornouaille*.

Après la mort du terrible *Cumber-Touw*, les maisons de joie eurent le loisir de se rétablir sous la protection de l'église, et elles jouirent d'une tranquillité qui ne fut point interrompue pendant cent cinquante années

A la vérité, on trouve un acte passé dans *Westminster* en la onzième année du règne de *Henri VI*, par lequel il est défendu à ceux qui tiennent de pareilles maisons dans *Southwark* de devenir jamais jurés, ou de pouvoir vendre du vin dans d'autres quartiers. Mais rien ne leur fit tant de tort que la vérole.

Les *Espagnols* qui l'avaient prise dans la *Floride*, l'avaient apportée à *Naples*; et de là *Charles VIII*, au temps de sa conquête (1), la transporta en *France*, où les *Anglais* vinrent bientôt la prendre.

Vers le règne de *Henri VII*, il y eut un acte passé pour chasser des maisons

_____

(1) En 1495.

publiques les femmes qui l'avaient gagnée.

Néanmoins ces maisons conservèrent
toujours leur bonne réputation sous le
règne de *Henri VIII*, et elles continuè-
rent de rapporter des revenus considéra-
bles à l'évêque de *Londres,* ainsi qu'il
paraît par un des livres de *Bucer,* où il
reproche à *Gardiner,* comme un crime
odieux, de devoir la meilleure partie de
ses richesses au bordel.

Après cette terrible accusation, il est
aisé de s'imaginer si les réformateurs
firent quartier aux maisons publiques.
Bucer a réussi dans ses desseins ; ces
lieux qu'il détestait ne subsistent plus ;
on a détruit ces obstacles au bonheur public; on attaque la débauche de tous côtés
sans miséricorde. Mais quel est le fruit
de cette conduite?

Par notre fureur de réformer, nous
avons réduit la débauche à cette extrémité, qu'à peine y a-t-il un jeune homme
dans le royaume qui veuille coucher avec
une fille, s'il n'est persuadé qu'elle est
sage, et qu'il y a peu de filles sages qui

souffrent les caresses d'un garçon, à moins d'une promesse de mariage. En un mot, c'est une chose sûre que, dans le moment où j'écris, nous sommes aussi corrompus que nous le pouvons être, et que j'ai enseigné un bon moyen de devenir meilleurs.

FIN

Imprimerie E.-J. CARLIER, rue de l'Astre, 25, Bruxelles.

www.ingramcontent.com/pod-product-compliance
Lightning Source LLC
Chambersburg PA
CBHW051741090426
42738CB00010B/2364